Charles Signorir

LA COMPTA

... mais c'est très simple !

2e édition

DUNOD

Couverture : Hung Ho Thanh

Mise en pages : Nord Compo

11 rue Paul Bert, 92240 Malakoff

www.dunod.com

ISBN 978-2-10-082364-2

À mon père, qui a su me donner envie de transmettre ;

À tous ceux qui se posent des questions ;

Aux petits et à leur émerveillement qui porte le monde.

Sommaire

Avant-propos

La comptabilité a mauvaise réputation et est souvent vue comme rébarbative, complexe et ennuyeuse. Pourtant, il existe plusieurs façons de la présenter de façon simple et divertissante. C'est ce que propose l'auteur de ce livre. Par des historiettes concrètes, qui se lisent comme un roman, il illustre toutes les bases de la comptabilité, pour n'importe quel public. Les néophytes comprendront grâce à des exemples simples et pourront mettre en application leurs connaissances à l'aide d'un progiciel comptable fourni avec le livre. Les personnes avec quelques notions pourront conforter leurs bases et approfondir leur pratique de la comptabilité. Les nombreux exercices corrigés proposés, de difficulté croissante, leur permettront de progresser dans leur pratique.

Chaque chapitre du livre traite d'un aspect thématique particulier de la comptabilité. Tous les chapitres (hormis le chapitre 1, qui fait office de chapitre introductif) sont organisés de la même façon, afin que le lecteur puisse consulter le livre comme un aide-mémoire :

- Premièrement, l'introduction du chapitre reprend l'une des historiettes proposées qui fait ressortir les problématiques comptables concrètes du chapitre. Un résumé de ce qui va être abordé est également proposé.
- Deuxièmement sont exposés les concepts de la thématique du chapitre, avec des exemples et une illustration par l'historiette présentée en introduction de chapitre.
- Troisièmement, une synthèse rapide de ce qui a été vu est présentée.
- À la fin du chapitre sont proposés des applications et exercices pour s'entraîner. Ces applications et exercices reprennent les historiettes et présentent d'autres mini-cas. Certains exercices spécifiques sont à effectuer sur le progiciel comptable. Tous les corrigés des exercices sont proposés en ligne sur le site internet de l'auteur.

COMMENT LIRE CE LIVRE ?

Ce livre peut être lu de plusieurs façons.

Si vous êtes débutant en comptabilité, sans aucune notion, il convient de lire les chapitres du livre dans l'ordre. Les deux premières sections du chapitre 1 peuvent néanmoins être sautées, car elles sont un peu théoriques. En revanche, le chapitre 2 est fondamental pour comprendre tous les autres, dans la mesure où il décrit très simplement, et avec de nombreux exemples, les bases de la mécanique comptable qui sert pour toute la pratique.

Si vous avez certaines notions de comptabilité, il est possible de consulter le livre par chapitres thématiques, en choisissant dans chaque chapitre ce que vous souhaitez travailler (concepts et mécanismes, applications et exercices, ou partie logicielle).

Voici quelques repères visuels pour comprendre les rubriques au sein de chaque chapitre :

- **Paragraphe simple** : il s'agit d'énoncer un concept, des définitions, des éléments de connaissance.
- **Exemple** : c'est une illustration du concept qui vient d'être exposé. L'exemple ne sera pas repris dans la suite du livre, il n'illustre que ce qui vient d'être écrit.
- **Encadré** : élément important, comme une définition, une technique à apprendre et à comprendre, un élément à garder en mémoire en permanence.
- **Application** : c'est la continuation des historiettes racontées en introduction du livre. Les applications se suivent donc de chapitre en chapitre, formant un fil rouge qui permet de traiter en continu les bases de la comptabilité.
- **Progiciel** : cette mention indique que le paragraphe doit être lu et appliqué à l'aide du progiciel comptable proposé avec l'ouvrage.
- **Exercices :** cette mention indique la liste d'exercices attachée à chaque chapitre. Le corrigé des exercices est en ligne sur le site de l'auteur.

Utiliser le progiciel comptable et consulter le site de l'auteur

Le site Internet de l'auteur est à l'adresse suivante :
http://pgi.u-bordeaux.fr/cs

Le site contient un accès au progiciel, le manuel du progiciel, des tutoriels et des compléments au livre (corrections d'exercices en particulier).

Pour accéder aux corrections du livre, cliquer sur le lien correspondant. Les identifiants pour accéder à la page sont les suivants :

- mot de passe : eplcade

Le progiciel comptable s'utilise directement en ligne, sans installer quoi que ce soit sur son ordinateur ou sur son téléphone connecté. Il suffit d'avoir une connexion Internet et un navigateur.

Le lecteur peut utiliser le progiciel de deux façons :

- il peut utiliser le compte de démonstration. Ce compte a les identifiants suivants :
  – identifiant : demo
  – mot de passe : demo
- il peut se créer un compte personnel. Pour accéder à l'interface de création de compte, les codes sont les suivants :
  – identifiant : cmcts
  – mot de passe : 2021compta

Il suffit ensuite de suivre les instructions à l'écran.

Une fois son compte créé, le lecteur peut se connecter pour avoir accès à son dossier personnel comptable.

Pour charger un exercice du livre, il suffit d'aller dans son dossier, de cliquer sur Extension → Dossier Demo et de choisir l'exercice à charger.

AVERTISSEMENT

Le progiciel est un logiciel libre dont un accès est fourni en ligne pour tout lecteur du présent ouvrage. Ce progiciel permet :

- de mettre en pratique tous les exercices proposés en comptabilité avec l'outil informatique ;
- de simuler une comptabilité réelle que l'on tient dans les entreprises ou d'autres organisations comme les associations ou les institutions publiques ;
- de mettre en évidence l'intérêt de la comptabilité par des outils fournis en ligne ;
- de bénéficier d'exercices corrigés directement sur le progiciel comptable.

Le progiciel est fourni tel quel, gratuitement, sous **licence libre GNU GPL v2.0**. Il est mis à jour par l'auteur du présent ouvrage. Le contenu pédagogique dans le progiciel est également fourni et maintenu par l'auteur. Ce dernier n'assure pas de suivi auprès des utilisateurs, ces derniers étant supposés être complètement autonomes pour l'utilisation du progiciel. Le progiciel n'est pas nécessaire à la lecture du livre, il n'en est qu'un complément. Il est paramétré au minimum pour les besoins pédagogiques du livre et n'est donc pas aussi ergonomique que les logiciels commerciaux.

L'auteur et l'éditeur du présent ouvrage ne peuvent être tenus responsables des dommages causés par l'utilisation du progiciel, en particulier pour les éléments suivants :

- Les données entrées par les utilisateurs sont sous leur entière responsabilité. Les utilisateurs doivent assurer la sauvegarde de leurs données. L'auteur se réserve le droit de ne pas conserver les données des utilisateurs sur le serveur qui héberge le progiciel comptable, dans la mesure où les ressources de stockage sont limitées. Le progiciel étant mis à disposition à des fins uniquement pédagogiques, il ne peut pas être utilisé pour héberger la comptabilité réelle de quelque entité que ce soit.

- Les comptes créés par les utilisateurs sont sous leur responsabilité. La gestion du compte (conservation ou changement du mot de passe, paramétrage du compte, utilisation courante) est du ressort de l'utilisateur uniquement.

Introduction

« Des chiffres et des traits, des calculs euclidiens...
Quel langage abscons, rien que pour érudits !
Et pourtant en histoires et exemples précis
La comptabilité au plus fol, oui, convient. »

16 heures. Un parc communal. Sur un banc, un homme en costume, penché sur son ordinateur portable. L'écran affiche des séries de chiffres, intitulés obscurs et calculs compliqués.
« Papa, explique-moi la comptabilité ! »
L'enfant qui joue à côté a abandonné ses petites voitures près du bac à sable. L'homme fait mine de ne pas entendre.
« Papa, explique-moi la comptabilité ! »
L'homme soupire. L'enfant regarde l'écran de l'ordinateur où se croisent calculs complexes, documents comptables et tableaux de chiffres.
« Papa, explique-moi la comptabilité !
– Qu'est-ce que tu veux savoir Joan ?
– Pourquoi tu passes tout ce temps à travailler sur des chiffres que personne ne comprend ? »
L'homme sourit. En quelques questions, l'enfant aurait désarçonné n'importe quel expert…
« Écoute Joan, la comptabilité est l'affaire des grandes personnes et même parmi elles, peu en comprennent la technique. Pourtant, j'aime la comptabilité, au point d'en faire mon métier…
– Mais comment aimes-tu quelque chose que les gens n'aiment pas ? »
L'homme referme son ordinateur portable, range son téléphone et prend son fils sur les genoux :
« Pour te répondre, le mieux est de te raconter ces choses en histoires, comme quand tu t'endors le soir. La comptabilité, au-delà des chiffres et de la technique, c'est d'abord des histoires de personnes.
– Oh oui, des histoires !
– Alors écoute bien, je vais te raconter la comptabilité à travers l'histoire de trois de mes clients… »

Le fil rouge

Ce livre présente les éléments de base de la comptabilité autour de trois récits qui seront déroulés au fil des chapitres.

Fleuram

M. et Mme Jolie, jeunes retraités, sont passionnés par les fleurs. Lorsque je les ai rencontrés, ils présentaient des compositions florales originales pour la fête du printemps : paquets-cadeaux en tissu décoré, poèmes à fleurs, couronnes, etc.
Je leur ai conseillé de vendre leurs créations. Mais, clairement, il n'était pas dans leur intention de faire commerce de leur passion. Je n'entendis plus parler d'eux jusqu'à l'année dernière. M. Jolie me contacte alors :
« Bonjour ! Nous nous sommes rencontrés il y a plusieurs années à la fête du printemps… Vous travaillez toujours chez Dumono & associés ?
– Oui, répondis-je.
– Nous avons besoin d'un expert-comptable pour suivre notre activité.
– Vous avez finalement créé votre affaire ? demandai-je.
– Oui, et cela marche plutôt bien pour nous. Les tissus brodés de fleurs réelles font un tabac ! Êtes-vous d'accord pour nous aider ?
– Bien sûr, rencontrons-nous la semaine prochaine. »
Non seulement, ils avaient ouvert un magasin de compositions florales dans le centre-ville, appelé Fleuram, mais ils s'étaient portés acquéreurs d'un terrain où ils envisageaient de construire un autre magasin plus grand. Je brûlais d'en savoir plus sur cette entreprise, rentable et bien gérée. Je serai vite fixé, car en faisant leur comptabilité et en leur prodiguant conseil et expertise, j'allais comprendre tout de leur modèle économique et de leur création de valeur…

Famiglia Baglio

M. et Mme Baglio, deux jeunes trentenaires, sont passionnés de cuisine italienne. À eux deux, ils cumulent un savoir-faire exceptionnel et sont capables de préparer des plats typiques de chaque région d'Italie.
Après avoir travaillé dans la restauration et l'hôtellerie pendant sept ans, ils décident de changer. En effet, le travail en cuisine et au service à table, ainsi que les horaires

■■■ décalés dans les hôtels, sont éprouvants et peu gratifiants. De plus, le service rendu au client leur paraît médiocre et ils ont envie de faire mieux.
Ils décident donc de créer leur propre restaurant. Ils me consultent pour avoir des conseils de gestion. Leur projet paraît solide. Ils veulent se lancer dans le secteur très concurrentiel de la pizza, en diversifiant leur offre avec d'autres plats typiques de cuisine italienne. La plupart des concurrents offrent des produits peu chers qui n'ont ni le goût ni l'authenticité de la cuisine italienne. Selon M. et Mme Baglio, un plat authentique pour à peine plus cher que les restaurants classiques semble très attendu des clients. En particulier, pour la pizza, ils veulent proposer une recette authentique à un prix compétitif.
Mes clients ont donc sauté le pas de la création d'entreprise. Leur restaurant *Famiglia Baglio* sera bientôt ouvert, et je compte y réserver une table…

Jubéo

M. et Mme Joué sont deux cadres supérieurs qui ont fait toute leur carrière dans la banque. Après plus de vingt ans passés dans un grand groupe bancaire, ils constatent que l'évolution de leur métier ne leur convient plus. À l'approche de la cinquantaine, ils décident donc de changer de profession.
Avec leurs confortables indemnités de départ, ils rachètent une entreprise en difficulté, Jubéo, spécialisée dans le loisir créatif et les jeux de société.
Jubéo est bien implantée sur les marchés de ses deux principales activités. L'entreprise possède quatre magasins dans les grandes métropoles (Paris, Lyon, Bordeaux, Lille) et est en relation avec de grandes marques dans le domaine. Elle produit et distribue des jeux de société inédits de sa propre marque (jeux de cartes et de plateau) et des jeux édités par d'autres grands noms du secteur. Jubéo propose également des produits autour de la création artistique : atelier photo, encadrement, impression et création numérique, papeterie et beaux-arts.
L'affaire tourne bien depuis plus de dix ans. Mais des difficultés ont surgi récemment. Pour capturer des parts de marché aux concurrents du secteur, les managers des quatre magasins ont engagé d'importantes dépenses et investi de façon surdimensionnée. Aujourd'hui, Jubéo est en perte et lourdement endettée, elle a même frôlé le redressement judiciaire. M. Gampoix, le fondateur de Jubéo, homme âgé et malade, préfère donc vendre son affaire.
Redresser une entreprise est un défi pour un dirigeant et son expert-comptable. Mais c'est très stimulant, et les époux Joué, expérimentés et rigoureux, ont tout pour réussir. Y arriveront-ils ?

1 CHAPITRE Le contexte comptable

« Joan, qu'entends-tu dans le mot "comptabilité" ? »
L'enfant hésite un instant, puis sursaute.
« Le mot "compter", papa !
– Oui ! La comptabilité commence par le fait de compter. Et depuis quand sait-on compter à ton avis ?
– Quand on a 3 ans !
– Certes. Mais je voulais dire, depuis quand dans l'histoire des hommes ?
– Quand papi était jeune ?
– C'était bien avant !
– Quand les hommes ont découvert le feu ?
– Oui, c'est à peu près à ce moment-là. Assieds-toi, je vais te raconter... »

1 | IL ÉTAIT UNE FOIS... LA COMPTABILITÉ

La comptabilité remonte à l'aube de l'humanité. Dès que l'intelligence humaine a appréhendé son environnement, l'homme a voulu mesurer ce sur quoi il avait une emprise. Ainsi, les scientifiques ont retrouvé des traces gravées sur des os et des parois de grottes de l'époque néolithique (– 6 000 ans). Ces premières traces avaient pour but de compter le produit de la chasse ou des ressources en vivres pour la tribu et constituent de fait une première comptabilité. La comptabilité a pour origine la fonction première de cette discipline : compter et mesurer son environnement.

ÉTYMOLOGIE DU MOT

Le mot « comptabilité » vient du mot qui désigne le métier de comptable. Étymologiquement, le comptable travaille sur ce qui peut être compté et mesuré (*computabilis* en latin, dérivé du verbe *computare*, calculer, faire entrer en compte). Le comptable devait rendre des comptes et produire des chiffres afin de donner de l'information à ceux qui l'employaient. Par la suite, le champ de la comptabilité s'est élargi.

CHRONOLOGIE SOMMAIRE

Après des fragments rudimentaires durant la Préhistoire, la pratique comptable est repérée dans les civilisations mésopotamiennes où l'essor du commerce fait naître le besoin de conserver une trace des transactions commerciales. Ainsi, autour de – 3000 avant J.-C., des tablettes de comptabilité attestaient déjà de l'ampleur des transactions commerciales, comme les tablettes d'Uruk.

Dans l'Antiquité, les Grecs et les Romains utilisaient un système comptable plus élaboré, avec les notions de comptes, de débit et de crédit. C'est ainsi que l'activité bancaire s'est structurée progressivement autour du IVe siècle avant J.-C., attestant de la qualité du système comptable de l'époque. Les citoyens romains, par exemple, tenaient des livres de compte (*codex accepti et expensi*) pour la gestion de leur patrimoine, leurs recettes et leurs dépenses. Ce codex servait pour établir certains impôts. L'ensemble de la pratique comptable s'est ainsi peu à peu codifié et harmonisé à travers la République et l'Empire romains, avec des informations obligatoires à faire apparaître dans les enregistrements comptables (par exemple, le nom des créanciers et des débiteurs). On retrouve la comptabilité non seulement dans les affaires privées, mais aussi comme moyen de contrôler les comptes publics ou comptabiliser les dépenses affectées au culte religieux.

Au début du Moyen Âge (après l'effondrement de l'Empire d'Occident en 476 après J.-C.), les comptables continuent de tenir leurs livres de comptes en **partie simple**, en comptabilisant uniquement les flux monétaires, les éléments liés (certaines dettes et créances) étant enregistrées à part. Les marchands, propriétaires terriens, nobles et seigneurs, ordres religieux et comptables royaux utilisent donc une comptabilité héritée de l'Antiquité sans apport novateur. Apparaît néanmoins une volonté de prendre en compte des éléments spécifiques, comme l'enregistrement comptable d'opérations en cours ou se dénouant l'année suivante.

Ce n'est que dix siècles plus tard que la comptabilité connaît une véritable révolution. Au cours du XVe siècle, les marchands vénitiens généralisent la pratique de la **partie double**, ancienne mais peu utilisée jusqu'à la Renaissance. Cette pratique sera théorisée par Luca Pacioli (1445-1517) dans son ouvrage *Summa de arithmetica, geometria, de proportioni et de proportionalita* (1494). Ce moine franciscain mathématicien, originaire de Toscane en Italie, travaille sur l'arithmétique. Il développe une méthode pour donner une valeur approchée aux résultats de l'opérateur « racine carrée ». Il essaie aussi, avant Jean Néper (1550-1617), de proposer des approximations de la fonction logarithme qui sert au calcul d'intérêts. Enfin, il travaille sur la théorie des probabilités, avant Blaise Pascal (1623-1662), en proposant des solutions à des jeux de hasard. Mais quelle est donc cette révolution que constitue l'utilisation de la partie double en comptabilité ? Le **principe de la partie double** énoncé par Luca Pacioli est le suivant : la comptabilité enregistre, pour une opération, non seulement les flux monétaires, mais aussi les flux réels, les uns étant une contrepartie des autres.

En mots simples, une comptabilité en partie double enregistre la réalité d'une opération économique en double, comme dans une logique de miroir où une image se reflète dans le miroir et crée le reflet.

EXEMPLE

Un marchand vénitien vend à un notable de la ville des sacs de raisins secs pour 100 florins. Son client s'engage à le régler dans 10 jours. Deux possibilités s'offrent au marchand :

- En comptabilité **en partie simple** (dite « **de trésorerie** ») : le marchand ne va enregistrer que l'encaissement du prix dans 10 jours.
- En comptabilité **en partie double** (dite « **d'engagement** ») : le marchand va enregistrer l'information dès qu'il est engagé avec le client dans la relation commerciale. Il enregistrera donc aujourd'hui la dette client, et dans 10 jours, l'encaissement du prix. Il enregistrera aussi le fait que la vente l'enrichit et que son stock de raisins secs a varié.

Le système comptable de Luca Pacioli est donc un système qui reste à la fois simple (un enregistrement et sa contrepartie) et puissant : il donne beaucoup plus d'informations qu'une comptabilité de trésorerie. Dans l'exemple ci-dessus, le marchand enregistre non seulement le montant encaissé, mais aussi la dette créée sur 10 jours, le fait que la vente augmente son résultat et le fait qu'il possède moins de sacs de raisins secs (soit 4 fois plus d'information qu'en comptabilité en partie simple).

Ce système va se généraliser dans les siècles suivants. Le principe d'enregistrement n'a pas changé depuis le XVe siècle, ce qui fait que la plupart des entreprises aujourd'hui édictent encore leur comptabilité en partie double[1]. Néanmoins, si les fondamentaux restent les mêmes, les systèmes comptables se structurent et s'harmonisent davantage à partir du XXe siècle, avec l'essor de la technique qui apporte trois éléments majeurs : l'invention de la calculatrice, de l'ordinateur, et des réseaux filaires et mobiles. Le premier permet d'effectuer les calculs beaucoup plus rapidement, le deuxième permet d'automatiser les tâches de saisie et d'analyser les données chiffrées, le troisième permet d'avoir accès à l'information comptable à tout moment. Ces innovations ont transformé et transforment encore les métiers liés à la comptabilité.

1. Des tentatives de comptabilité en partie multiple (dite « matricielle ») ont été élaborées au XXe siècle. Cette forme de comptabilité est mobilisée surtout pour des besoins très spécifiques en informations, mais elle reste rarement utilisée en pratique. Elle est plus compliquée et apporte finalement peu d'informations par rapport au système en partie double.

2 | L'ENVIRONNEMENT COMPTABLE CONTEMPORAIN

Aujourd'hui, dans un monde désormais globalisé, la comptabilité est omniprésente, car les interactions complexes entre agents économiques démultiplient les besoins en informations. Avant d'analyser le contexte comptable actuel, il convient de donner une définition de ce qu'est la comptabilité aujourd'hui, après plusieurs millénaires d'histoire.

DÉFINITIONS DE LA COMPTABILITÉ

On entend ici par « comptabilité » la comptabilité financière, ou comptabilité générale. Nous ne traiterons pas de la comptabilité analytique, de la comptabilité publique ou de la comptabilité nationale, qui sortent du cadre de cet ouvrage.

On peut distinguer trois définitions de la **comptabilité financière**. Chaque définition répond à des objectifs différents.

> **PCG français (Plan comptable général) :** « La comptabilité est un système d'organisation de l'information financière permettant de saisir, classer, enregistrer des données de base chiffrées et présenter des états reflétant une image fidèle du patrimoine, de la situation financière et du résultat de l'entité à la date de clôture. »
>
> Règlement n° 99-03 du CRC du 29 avril 1999,
> homologué par l'arrêté du 22 juin 1999.

Dans cette définition, la comptabilité a pour objectif de retracer fidèlement la réalité économique de l'entreprise ou d'un autre type d'organisation, à travers la notion d'**image fidèle**.

FASB américain (Financial Accounting Standards Board)[1] **:** « L'objectif des états financiers est de fournir une information utile aux apporteurs présents et potentiels de fonds et aux utilisateurs pour la prise de décision économique. »

Conceptual Framework, Chapter 1, S2, 6 juillet 2006.

Dans cette définition, la comptabilité sert essentiellement à fournir de l'information aux actionnaires de l'entreprise, car ils en sont les propriétaires. L'entreprise doit leur rendre des comptes régulièrement.

IASB (International Accounting Standards Board)[2] **:** « Les états financiers sont une représentation structurée de la situation financière et de la performance financière d'une entité. L'objectif des états financiers à usage général est de fournir des informations sur la situation financière, la performance financière et les flux de trésorerie de l'entité qui soient utiles à un large éventail d'utilisateurs pour la prise de décision économique… ».

IAS 1, Art. 7, « Présentation des états financiers », 2003.

Cette dernière définition est une synthèse des deux précédentes et reflète les deux fonctions actuelles de la comptabilité dans le monde d'aujourd'hui.

Premièrement, les systèmes comptables sont une représentation de la réalité complexe des entreprises. Cette représentation est structurée, ce qui suppose des règles communes et harmonisées entre les acteurs.

Deuxièmement, les systèmes comptables ont pour objectif de donner de l'information utile à tout agent qui a un lien avec l'entreprise (clients, salariés, fournisseurs, actionnaires, prêteurs, dirigeants, concurrents et partenaires, administrations publiques). On appelle ces agents des **parties prenantes**. Elles utilisent l'information comptable pour leurs propres besoins d'informations, de façon à satisfaire leurs attentes vis-à-vis de l'entreprise. Le tableau ci-après donne quelques éléments liés aux attentes des parties prenantes, et montre comment la comptabilité répond à ces attentes.

---

1. C'est l'organisme qui édicte les normes comptables américaines.
2. C'est l'organisme international qui édicte les normes comptables internationales IAS/IFRS.

Tableau 1.1 – L'utilisation de l'information comptable par les parties prenantes

Parties prenantes	Attentes vis-à-vis de l'entreprise	Informations utiles recherchées dans la comptabilité
Clients	Un produit satisfaisant, une pérennité pour assurer une garantie des produits	Une solidité financière, la solvabilité à long terme
Salariés	Une juste rémunération, des perspectives de carrière	L'évolution des charges salariales, l'existence d'une participation ou d'un intéressement au bénéfice des salariés
Fournisseurs	Être payés selon les termes prévus	Une solidité financière, une bonne gestion de la trésorerie
Actionnaires	Recevoir des dividendes réguliers et suffisants	La rentabilité financière à court et long termes
Prêteurs	Être remboursés et percevoir une juste rémunération du capital prêté	Un état des charges financières, le montant de l'endettement
Dirigeants	Connaître les informations afin de prendre de bonnes décisions	La rentabilité, les investissements, la solvabilité, la gestion des ressources à court et long termes
Concurrents et partenaires	Connaître les forces et faiblesses de l'entreprise afin d'adapter leur offre	La solidité financière, les investissements, la trésorerie
Administrations publiques	Estimer la valeur de l'enrichissement de l'entreprise et de certains éléments de son patrimoine pour calculer l'assiette des impôts	Le résultat, la valeur de certains actifs, la masse salariale

LA NORMALISATION COMPTABLE ET SON ÉVOLUTION

De par ses deux fonctions, la comptabilité doit être normée par des règles homogènes pour toutes les entreprises. La normalisation comptable s'est construite au cours du XXe siècle à l'échelle nationale et à l'échelle internationale.

La normalisation comptable internationale

Avec l'accélération de la mondialisation à partir des années 1940 et l'avènement d'entreprises mondialisées, la comptabilité a dû prendre en compte les interactions complexes entre agents. C'est pour cela que s'est créé en 1973 l'IASB (International Accounting Standards Board). C'est une organisation internationale qui édicte les normes comptables internationales appelées IAS (International Accounting Standards) ou IFRS (International Financial Reporting Standards).

On compte aujourd'hui 29 normes IAS et 17 normes IFRS, ainsi que des normes d'interprétation SIC et IFRIC[1]. Chaque norme traite d'une thématique comptable particulière, comme les stocks, les instruments financiers ou les contrats de location. La norme IAS 1 établit les principales définitions des objets comptables qui figurent également dans la normalisation comptable de chaque pays.

Remarque

La comptabilité est aujourd'hui considérée comme très (trop ?) financière. En atteste le changement de dénomination des normes, IAS vers IFRS. Les normes ne sont plus seulement des normes comptables pour normer la discipline, elles sont faites en réalité pour effectuer une reddition de comptes avant tout financière (« *financial reporting* »).

Processus d'adoption des normes internationales

Une norme est adoptée par l'IASB selon un processus précis ouvert à tous appelé « *open due process* ». Après une phase de recherche d'un besoin de normalisation comptable en fonction des pratiques, l'IASB propose un projet de norme sur le sujet identifié par la phase de recherche. Ce projet de norme est soumis à une consultation publique où toute personne peut commenter

1. Pour davantage d'informations sur la thématique des normes, voir : http://www.focusifrs.com/menu_gauche/normes_et_interpretations/textes_des_normes_et_interpretations/tableau_sommaire

et amender le projet. Une fois cette consultation terminée, l'IASB finalise la norme et la publie.

Notons qu'en Europe, pour qu'une norme internationale soit applicable, elle doit être ratifiée par la Commission européenne sous la forme de règlements. À ce jour, sur 17 IFRS, seules 16 sont applicables en Europe[1].

Enjeux et critiques

Les normes IAS/IFRS évoluent en permanence pour prendre en compte la complexité de l'environnement économique globalisé. De nouveaux besoins d'informations des parties prenantes apparaissent régulièrement et il convient de normaliser et d'harmoniser les pratiques pour satisfaire ces besoins. Dans l'époque contemporaine, les enjeux sont colossaux. Quelques exemples :

- Comment tenir compte des nouveaux modèles économiques liés à l'évolution technologique (ubérisation de l'économie, big data) ?
- Comment tenir compte de la complexité des groupes d'entreprises dans la comptabilité ?
- Comment intégrer les informations non financières dans le système comptable ?
- Comment tenir compte des situations de crise, telle que la crise sanitaire actuelle ?

Néanmoins, on peut adresser aux normes internationales un certain nombre de critiques et d'insuffisances :

- Les normes sont très financières et restent centrées essentiellement sur les besoins d'informations des parties prenantes principales, en particulier l'actionnaire. Et ce malgré une définition de la comptabilité par l'IASB qui semble équilibrer les relations entre parties prenantes.
- Les normes restent peu contraignantes, car elles ont vocation à s'appliquer à très grande échelle. Elles n'ont pas évité la crise majeure de 2007-2008, ni certains scandales financiers importants (Enron en 2001, Goldman Sachs en 2007, ou plus récemment Wirecard en 2020), même si les normes tentent d'éviter les pires abus.

1. L'IFRS 17, qui porte sur les contrats d'assurance, est applicable à compter du 1er janvier 2023.

Dans ce contexte en évolution permanente, nous nous concentrerons désormais sur la pratique de la comptabilité en France.

La normalisation comptable à l'échelle d'un pays : le cas de la France

Historiquement, chaque pays a éprouvé le besoin, pour des raisons économiques et fiscales, de créer une instance qui régit la comptabilité des agents sur leur territoire national. La normalisation comptable nationale précède donc celle à l'échelle internationale.

On peut distinguer deux modèles d'instance :

- Les instances émanant de l'État (modèle européen).
- Les instances émanant d'associations professionnelles privées (modèle anglo-saxon).

En France, c'est l'Autorité des normes comptables (ANC) qui régit la comptabilité et le Plan comptable général français (PCG). Cette instance est directement liée au ministère de l'Économie.

Les missions de l'ANC

- Créée par l'ordonnance n° 2009-79 du 22 janvier 2009, l'Autorité des normes comptables (ANC) exerce les missions suivantes[1] :
  - elle établit sous forme de règlements les prescriptions comptables générales et sectorielles que doivent respecter les personnes physiques ou morales soumises à l'obligation légale d'établir des documents comptables conformes aux normes de la comptabilité privée ;
  - elle donne un avis sur toute disposition législative ou réglementaire contenant des mesures de nature comptable applicables aux personnes citées ci-dessus, élaborée par les autorités nationales ;
  - elle émet, de sa propre initiative ou à la demande du ministre chargé de l'économie, des avis et prises de position dans le cadre de la procédure d'élaboration des normes comptables internationales ;
  - elle veille à la coordination et à la synthèse des travaux théoriques et méthodologiques conduits en matière comptable ; elle propose toute

1. Extrait du site institutionnel http://www.anc.gouv.fr

mesure dans ces domaines, notamment sous forme d'études et de recommandations.

En particulier, l'ANC édicte les règles du Plan comptable général français (PCG). Ce dernier est le cadre de référence pour toute personne qui souhaite tenir une comptabilité en France.

Un produit de la normalisation comptable française en perpétuelle évolution : le Plan comptable général (PCG)

Origine du PCG

Le PCG est créé après la seconde guerre mondiale, en 1947. Le Plan est inspiré du plan Göring (1942) qui a servi à recenser la richesse de la France depuis la défaite de 1940, afin que le IIIe Reich puisse prélever un tribut de guerre correctement calculé sur le pays vaincu.

Le PCG a été aménagé et réformé par la suite en 1982, 1986, 1999 et 2019. La dernière réforme d'ampleur de 1999 a consisté en particulier à mettre le PCG en adéquation avec les normes comptables internationales. Celle de 2019 a adapté le PCG au prélèvement à la source de l'impôt sur le revenu.

Contenu du PCG

Le PCG comporte trois catégories :

- un cadre comptable et des définitions des objets comptables ;
- une classification des comptes ;
- des principes comptables[1].

Nous étudierons la définition des objets comptables tout au long de l'ouvrage.

Concernant la classification des comptes, le PCG a repris du plan Göring une logique de comptes et de sous-comptes, numérotés par un nombre croissant de chiffres. Plus un compte est déterminé et précis, plus sa numérotation comporte de chiffres. De plus, les chiffres et leur position dans la numérotation ont une signification précise, ce qui donne au PCG la possibilité de donner du sens à la numérotation des comptes. Nous verrons plus précisément comment utiliser les comptes dans le chapitre 2.

1. Source juridique des principes comptables : art L123-12 et suivants du Code de commerce.

Les principes comptables établissent un certain cadre, une certaine philosophie dans la pratique de la comptabilité. On en dénombre 10, énoncés ci-après avec un commentaire explicatif pour chacun.

> **Principe de non-compensation :** les éléments d'actif et de passif doivent être évalués séparément. Aucune compensation ne peut être opérée entre les postes (lignes du bilan et du compte de résultat) d'actif et de passif du bilan ou entre les postes de charges et de produits du compte de résultat.

Par exemple, on ne peut compenser les créances et les dettes. Si A doit à B 50 et B doit à A 70, on ne peut remplacer cette réalité (une double dette réciproque) par une unique dette de 20 que B devrait à A.

Le principe de non-compensation évite donc de perdre de l'information en obligeant l'entreprise à expliciter dans ses comptes la réalité économique.

> **Principe de permanence des méthodes :** à moins qu'un changement exceptionnel n'intervienne dans la situation du commerçant, personne physique ou morale, la présentation des comptes annuels comme les méthodes d'évaluation retenues ne peuvent être modifiées d'un exercice à l'autre. Si des modifications interviennent, elles sont décrites et justifiées dans l'annexe.

Ce principe assure la constance des méthodes utilisées pour produire des chiffres comptables comparables dans le temps. En effet, par exemple, si un stock de marchandises passe de 2 000 € à 3 000 €, peut-on dire que l'entreprise a davantage de stock ? Pas forcément !

EXEMPLE

Imaginons le cas suivant :

– Stock au 01/01/2020 : 200 pièces évaluées à 10 € l'une, soit une valeur totale de 2 000 €.

– Stock au 01/01/2021 : 200 pièces évaluées à 15 € l'une, soit une valeur totale de 3 000 €.

Ici, l'entreprise n'a pas stocké davantage, c'est l'évaluation unitaire du stock qui a changé. Mais est-ce une augmentation unitaire due à un accroissement réel de valeur ou l'utilisation d'une autre méthode de calcul qui donne un résultat plus élevé ? Le principe de permanence des méthodes assure qu'il n'y a pas de biais de méthode dans l'évaluation des chiffres comptables en obligeant à conserver les mêmes méthodes pour pouvoir comparer les valeurs dans le temps.

Toutefois, le principe est souple et autorise des changements de méthodes, mais ils doivent être communiqués et justifiés aux parties prenantes. Dans l'exemple précédent, en l'absence d'autre information, on déduit que l'augmentation de valeur unitaire est un accroissement réel de valeur, et non un changement de méthode, puisque ce dernier n'a pas été mentionné, ni justifié.

Principe de prudence : la comptabilité est établie sur la base d'appréciations prudentes, pour éviter le risque de transfert, sur des périodes à venir, d'incertitudes présentes susceptibles de grever le patrimoine et le résultat de l'entreprise.

Il s'agit ici de prendre en compte uniquement la réalité des entreprises de façon prudente, sans intégrer dans les chiffres des risques potentiels qui biaiseraient les chiffres futurs.

Corollaire de ce principe :

- On prend en compte en comptabilité les pertes réelles **et potentielles**.
- On prend en compte en comptabilité les gains réels, **mais pas les gains potentiels**.

Principe de continuité d'exploitation : pour l'établissement des comptes annuels, le commerçant, personne physique ou morale, est présumé poursuivre ses activités.

L'entreprise est ainsi supposée œuvrer dans un contexte stable et normal. On exclut en particulier le cas de la liquidation, où les actifs sont évalués à des valeurs dépréciées du fait de ce contexte singulier.

Principe d'indépendance des exercices : les différents utilisateurs de l'information comptable (propriétaires, dirigeants, personnel, tiers et l'État) ont besoin d'informations périodiques. Il faut déterminer les résultats de la gestion passée de l'entreprise et prévoir les résultats futurs, et donc découper la vie continue des entreprises en périodes ou en exercices comptables. De plus, les charges et les produits appartiennent à un exercice déterminé.

L'entreprise et son dirigeant doivent rendre des comptes régulièrement aux parties prenantes. L'entreprise crée-t-elle de la richesse ? Quel est l'état de son patrimoine ? Il est ainsi nécessaire de faire le point régulièrement et de définir une période comptable, appelée **« exercice comptable », dont la durée est fixée à une année**.

Cet exercice est indépendant des autres, pour éviter que l'information ne soit brouillée avec d'autres périodes comptables. Ainsi, les chiffres comptables calculés appartiennent à un exercice bien défini et pas à un autre.

EXEMPLE

Des dépenses effectuées en 2021 ne concernent que le résultat 2021, pas le résultat des autres années.

Principe d'intangibilité du bilan d'ouverture : le bilan d'ouverture d'un exercice doit correspondre au bilan de clôture de l'exercice précédent.

Si les exercices sont indépendants les uns des autres, la vie des entreprises reste néanmoins continue. Ainsi, lorsque l'on ouvre un nouvel exercice comptable, on ne part pas du néant, mais de l'état des chiffres comptables établis lors de l'exercice précédent, désormais clos.

EXEMPLE

En ouvrant son exercice 2021, avant d'enregistrer quoi que ce soit, l'entreprise reprend le bilan effectué lorsque l'exercice 2020 a été clos.

Principe des coûts historiques (ou nominalisme) : la comptabilité utilise l'unité monétaire sans tenir compte des variations de son pouvoir d'achat. Il suppose donc que l'unité monétaire est une unité de mesure stable et que l'on peut additionner les unités monétaires de différentes époques (pas d'actualisation !).

EXEMPLE

Si l'entreprise acquiert une machine en 2016 pour 13 000 € HT et une autre pour 15 000 € HT en 2020, on évaluera le total des machines possédées par l'entreprise à 13 000 + 15 000 = 28 000 € HT.[1]

1. En réalité, la valeur de l'euro en 2016 n'est pas la même que celle de l'euro en 2020, pour deux raisons : la variation des prix (l'inflation) et la variation de la valeur de l'argent lui-même (le taux d'intérêt). Il faut donc normalement actualiser les valeurs à une même date avant de les additionner, ce que ne fait pas la comptabilité par souci de simplification. En analyse

Principe de l'importance relative : la régularité et la sincérité des comptes s'apprécient par rapport à la traduction de la connaissance que les dirigeants ont de la réalité et de l'importance relative des événements enregistrés.

Autrement dit, la comptabilité se centre sur les éléments essentiels de la réalité des entreprises. Avant de traiter comptablement une problématique, il convient de s'assurer qu'elle est significative et que l'information est exploitable, compte tenu du coût en temps nécessaire pour l'enregistrer en comptabilité. On ne va pas couper les cheveux en quatre !

De plus, ce principe insiste sur le fait que la comptabilité doit être établie de façon sincère, afin de fournir de l'information de bonne foi. Cette notion de sincérité se retrouve implicitement dans le principe suivant.

Principe de bonne information : au-delà de la conformité aux règles et aux principes, le problème essentiel est d'apporter aux différents utilisateurs des documents financiers une information satisfaisante, c'est-à-dire une information suffisante et significative pour les comprendre.

Est rappelé ici l'objectif principal de la comptabilité : donner une information utile aux parties prenantes. Une information utile est suffisamment détaillée et satisfait la demande des parties prenantes concernées par cette information.

Principe de prééminence de la substance sur la forme (de la réalité sur l'apparence) : la comptabilité traduit l'information en privilégiant la réalité économique de l'opération, plutôt que la forme ou les modalités de celle-ci. Dans le cas de certaines transactions, de nombreuses difficultés subsistent dans la résolution des problèmes comptables d'application, les uns voulant traduire l'opération juridique, les autres la réalité financière.

La comptabilité a toujours eu plusieurs sources disciplinaires : le droit, l'économie et la gestion. S'il existe plusieurs solutions d'enregistrement pour un

---

financière, en revanche, on va retraiter ces éléments comptables et intégrer l'actualisation des valeurs dans le raisonnement.

même traitement comptable, la comptabilité privilégiera la logique économique de la réalité à enregistrer. Pour apprécier cette logique, on se pose la question suivante : « Quelle est la finalité économique de l'opération décrite ? »

Ces principes sont fondamentaux pour donner un cadre conceptuel à la comptabilité, de façon à bien appliquer la réglementation comptable dans l'esprit où elle a été conçue.

3 | LES PERSONNES ET LES MÉTIERS DE LA COMPTABILITÉ

Une fois le cadre de la comptabilité posé, nous pouvons exposer les métiers liés à la comptabilité. Ces métiers souffrent souvent de poncifs malheureux liés à une méconnaissance de leur pratique réelle. Pourtant, ce sont des métiers intéressants, porteurs pour l'avenir et prometteurs. Nous en décrirons quatre précisément, mais d'autres métiers utilisent aussi largement la comptabilité. Nous dirons un mot sur ces derniers.

LE COMPTABLE

Le comptable assure la gestion comptable de l'entreprise au quotidien.

- Il enregistre en comptabilité les opérations réalisées par l'entreprise, sur la base des documents établis avec les tiers.
- Il assure les encaissements et décaissements, gère les moyens de paiement de l'entreprise (chèques, système de carte bancaire et virements) et surveille et pointe les comptes bancaires et leur solde.
- Il établit les déclarations sociales et fiscales de l'entreprise (paie, impôts et cotisations sociales), ainsi que les états financiers périodiquement.

Le métier de comptable semblait voué à disparaître avec l'automatisation, par l'informatique et les réseaux, des opérations de saisie et des aspects techniques du métier. En réalité, si de nombreuses tâches sont maintenant totalement numérisées[1], le comptable doit néanmoins vérifier manuellement

1. Par exemple, la facture numérisée est automatiquement traitée par le logiciel comptable qui enregistre l'écriture comptable correspondante sans intervention humaine.

la cohérence de l'information comptable produite. Le métier s'est donc transformé depuis les années 2000. Opérant auparavant sur des tâches essentiellement techniques et administratives, le comptable assure désormais des tâches de supervision de la production comptable en pilotant la surveillance des systèmes techniques qui nécessitent souvent des ajustements. Le comptable est donc davantage tourné vers les pratiques numériques et la gestion du système d'information qu'auparavant.

Niveau d'étude : BAC + 2/BAC + 3 (BTS, IUT/BUT, Licence professionnelle)

L'EXPERT-COMPTABLE

L'expert-comptable est le conseiller privilégié du chef d'entreprise dans toutes les dimensions de la gestion de l'entreprise (financière, fiscale, sociale, stratégique). Il est à la fois un technicien de tous les outils comptables et financiers, un expert juridique pour le chef d'entreprise et un conseiller en communication pour tous les partenaires de l'entreprise.

Ses missions sont les suivantes :

- il établit les états financiers (bilan, compte de résultat, annexes, révision et choix comptables de production de l'information) ;
- il effectue les diagnostics financiers pour analyser la situation de l'entreprise, trouver des points d'amélioration et proposer des solutions d'optimisation sur différentes thématiques (trésorerie, endettement, financement, investissement, etc.) ;
- il conseille ses clients en matière juridique, fiscale, sociale, pour le compte de l'entreprise mais aussi pour le compte de son dirigeant.

Le métier d'expert-comptable est une profession réglementée par un ordre professionnel (l'Ordre des experts-comptables). Il est nécessaire d'avoir le diplôme requis pour exercer (le DEC, diplôme d'expertise-comptable) et de demander à être inscrit au tableau de l'Ordre. Une stricte déontologie de la profession doit être respectée par l'expert-comptable[1].

Niveau d'étude : BAC + 5/ + 8 (DSCG ou Master II CCA, puis DEC)

1. Pour davantage d'informations, voir le Code de déontologie des professionnels de l'expertise comptable : https://www.legifrance.gouv.fr/affichCode.do?cidTexte=LEGITEXT000006074510&dateTexte=20120331

LE COMMISSAIRE AUX COMPTES

Le commissaire aux comptes est un professionnel qui vérifie la comptabilité des entreprises selon une procédure dite d'audit légal (ou audit externe). Il est expert de l'orthodoxie en matière de règles comptables et apprécie la sincérité des comptes-rendus ainsi que la fidélité à la réalité de l'information comptable produite. Il est au cœur de la communication financière de l'entreprise et est en lien durant sa mission avec les parties prenantes, car il assure la fiabilité de l'information qui leur sera communiquée.

Ses principales missions sont les suivantes :

- Il se déplace en entreprise pour auditer les services.
- Il analyse les processus de gestion pour en vérifier la conformité sur le plan comptable et financier, en accord avec la politique de communication financière de l'entreprise.
- Il vérifie la cohérence et la vraisemblance des hypothèses posées par l'entreprise pour produire ses chiffres comptables.
- Il audite et vérifie les méthodes d'évaluation retenues pour élaborer l'information comptable.
- Il doit alerter le dirigeant si des faits sont susceptibles de compromettre la continuité de l'entreprise. Il doit également communiquer au procureur de la République les faits délictueux dont il a pu avoir connaissance.
- À l'issue de sa mission, il certifie que les comptes sont sincères et reflètent fidèlement la réalité de l'entreprise. Si – cas rare – il refuse de certifier les comptes, il doit le justifier. Dans tous les cas, certification ou non, il peut formuler des observations, voire des avertissements et mises en garde, aux parties prenantes sur certains points de l'information comptable produite.

Dans la mesure où le commissaire aux comptes est investi d'une mission d'audit légal, il dépend directement du ministère de la Justice et est pénalement responsable des certifications de comptes qu'il délivre. Il est soumis au même code de déontologie que l'expert-comptable.

Niveau d'étude : sauf exception[1], les commissaires aux comptes sont experts-comptables, avec le même niveau d'étude (DEC). Pour être commissaire aux

1. Les personnes qui ne sont pas experts-comptables doivent passer le CAFCAC (Certificat d'aptitude aux fonctions de commissaire aux comptes) et faire un stage de 3 ans auprès d'un commissaire aux comptes pour pouvoir exercer ce métier.

comptes, il faut être inscrit à la CNCC (Compagnie nationale des commissaires aux comptes) et prêter serment devant la cour d'appel.

L'ANALYSTE FINANCIER

L'analyste financier utilise l'information comptable produite par les entreprises pour effectuer un diagnostic précis de sa situation financière. Il retraite l'information pour éclairer son diagnostic sous différents angles : la rentabilité de l'affaire, la solvabilité de l'entreprise, l'efficience de son financement, sa stratégie d'investissement, la gestion de sa trésorerie à court et long termes, etc. L'analyste peut travailler dans de nombreux types de structures (banques, fonds d'investissement, entreprises, instituts) et conseille ses clients pour investir dans le capital d'entreprises qu'il suit.

Ses principales missions :

- effectuer une veille informationnelle sur les entités qu'il suit pour ses clients, afin de récolter toute l'information disponible ;
- se déplacer, rencontrer les dirigeants et autres parties prenantes afin de comprendre la réalité du terrain et apprécier l'information non financière implicitement contenue dans la comptabilité ;
- retravailler techniquement les chiffres comptables par des calculs financiers et des outils adaptés afin d'éclairer le diagnostic et de formuler des recommandations ;
- observer l'environnement économique et financier, en particulier les marchés financiers, afin d'intégrer les éléments de contexte dans ses analyses et permettre à ses clients d'investir au mieux.

Niveau d'étude : BAC + 5 dans une formation spécialisée

D'autres métiers intègrent certains éléments de la pratique comptable dans la diversité de leurs missions : conseiller clientèle en banque, contrôleur de gestion, directeur comptable en entreprise, entrepreneur, trésorier d'association, gestionnaire de patrimoine. Avoir des bases en comptabilité peut mener à tout !

4 | TENIR SA COMPTABILITÉ : POURQUOI, COMMENT, C'EST SIMPLE !

Connaître des éléments de comptabilité permet plusieurs choses :

- comprendre l'information publiée par d'autres entreprises ;
- se faire une idée de la réalité d'une situation à travers quelques chiffres synthétiques ;
- suivre sa gestion au quotidien, aussi bien pour son patrimoine personnel que pour celui de son entreprise.

La tenue d'une comptabilité se fait le plus souvent avec un outil informatique adapté et nécessite un suivi périodique et une certaine méthode de travail que vous pourrez acquérir dans ce livre. Nul besoin de compétences très pointues, une bonne méthode et un sens de l'ordre et de la rigueur suffisent !

Dans le chapitre 2, nous verrons plus précisément les bases de la technique comptable qui permettent d'une part, de comprendre le langage comptable, d'autre part, de pratiquer vous-même la comptabilité de façon très simple.

2 CHAPITRE

Les mécanismes de base

Une pièce lumineuse avec une baie vitrée donnant sur la ville. Au centre de la pièce, un grand bureau derrière lequel j'accueille mes clients :

« Asseyez-vous, je vous prie. La semaine dernière, vous m'avez raconté le formidable succès de votre entreprise Fleuram et vous m'avez dit avoir besoin d'aide. Que désirez-vous ?

– Merci de nous recevoir… Notre affaire se développe et nous projetons de nous agrandir. Mais à ce jour, notre gestion est un peu approximative. Nous avons apporté les documents établis par notre comptable depuis le début de notre aventure, afin que vous vous fassiez une idée. Nous pressentons que si nous grossissons, il faudra être plus rigoureux. »

Je regarde attentivement les documents. Ils sont incomplets, raturés, quasiment inexploitables. Je garde néanmoins le sourire.

« D'après vous, quels sont les signes qui font dire que votre affaire est florissante ?

– Eh bien, nous avons beaucoup d'argent sur les comptes de notre entreprise.

– D'autres éléments ?

– Nous avons de nombreux clients, très satisfaits, qui nous recommandent.

– Et encore ? insistai-je.

– Nous ne voyons pas… Vous pensez que nous nous trompons ?

– Pas du tout. Mais avoir de l'argent et des clients ne suffit pas. Avant de vous agrandir, il faut établir un diagnostic, et je peux vous y aider. Par exemple, vérifier que les ressources ne sont pas gaspillées, que vous n'achetez pas trop cher, que vous êtes bien financés. On peut détailler tout cela, si vous m'en confiez la tâche. Je vous expliquerai comment bien administrer votre entreprise.

– Cela coûtera cher ?

– Je ferai plusieurs propositions suite à une lettre de mission de votre part qui précisera ce que vous attendez de moi. Le tarif en découlera, vous pourrez y réfléchir. En attendant, je vais examiner votre comptabilité actuelle pour faire un état de votre gestion.

– Parfait. Merci beaucoup pour le temps que vous nous avez consacré. »

1 PLAN COMPTABLE GÉNÉRAL ET HIÉRARCHIE DE L'INFORMATION DANS LE BILAN ET LE COMPTE DE RÉSULTAT

Le PCG comporte, nous l'avons vu au chapitre 1, trois éléments fondamentaux qui structurent la comptabilité dans un cadre précis :

- un ensemble de définitions et de concepts ;
- 10 principes comptables ;
- une classification des comptes.

Commençons par donner quelques repères à M. et Mme Jolie en leur expliquant les principaux concepts de la comptabilité.

LES PRINCIPALES DÉFINITIONS DES OBJETS COMPTABLES

La comptabilité a pour objectif de fournir de l'information. Elle va le faire de façon synthétique à travers ce que l'on appelle les **« états financiers »**.

> **Les états financiers** (appelés aussi « états de synthèse ») sont un ensemble de documents qui décrivent la réalité de l'entreprise à la fin de l'exercice. Ces documents sont le **bilan**, le **compte de résultat** et l'**annexe**.

Les états financiers sont indissociables, dans la mesure où ils sont construits ensemble lors du processus comptable que nous verrons par la suite dans ce chapitre.

> **Le bilan** est un tableau à deux colonnes qui représente le patrimoine de l'entreprise. Le patrimoine est constitué de l'actif de l'entreprise (à gauche dans le bilan par convention) et de son passif (à droite dans le bilan par convention). Le bilan est **toujours équilibré**. Le total de la colonne « actif » est toujours égal au total de la colonne « passif ».

Un actif est un élément du patrimoine de l'entreprise qui répond à deux critères :

- L'entreprise en est propriétaire et contrôle donc l'actif.
- L'actif comporte une valeur économique non nulle.

Les actifs d'une entreprise montrent comment sont employées les ressources dont elle dispose.

On distingue deux catégories d'actifs :

- **actifs immobilisés** : ce sont tous les actifs destinés à rester en comptabilité plus d'un an (donc à rester dans l'entreprise au-delà de l'exercice comptable). On appelle ces actifs des « **immobilisations** » ;
- **actifs circulants** : ce sont les actifs destinés à rester moins d'un an en comptabilité.

EXEMPLES D'ACTIFS

Un local dont l'entreprise est propriétaire, un bureau dans ses locaux, des stocks de matières premières, une créance client, des avoirs en compte bancaire.

Un passif est un élément du patrimoine qui reflète une obligation à honorer vis-à-vis d'un tiers.

Les passifs d'une entreprise représentent les ressources qu'elle a pu obtenir de différentes sources de financement. Ces ressources vont servir à financer les emplois que sont les actifs.

On distingue deux catégories de passifs :

- **capitaux propres** : ce sont les ressources provenant soit des actionnaires de l'entreprise, soit de son autofinancement propre, passé et présent ;
- **dettes** : ce sont les financements provenant d'emprunts contractés auprès de tiers, ou de délais de paiement obtenus de tiers.

EXEMPLES DE PASSIFS

Un emprunt auprès de la banque, un fournisseur qui nous fait crédit en nous accordant un délai de paiement, des salaires à payer prochainement aux salariés, une partie du bénéfice réalisé mis en réserve.

Dans le bilan, les deux colonnes s'articulent en se lisant logiquement de droite à gauche. Les ressources obtenues vis-à-vis des tiers (colonne de droite, les passifs) servent à financer des emplois (colonne de gauche, l'utilisation des ressources étant appelées les « actifs »).

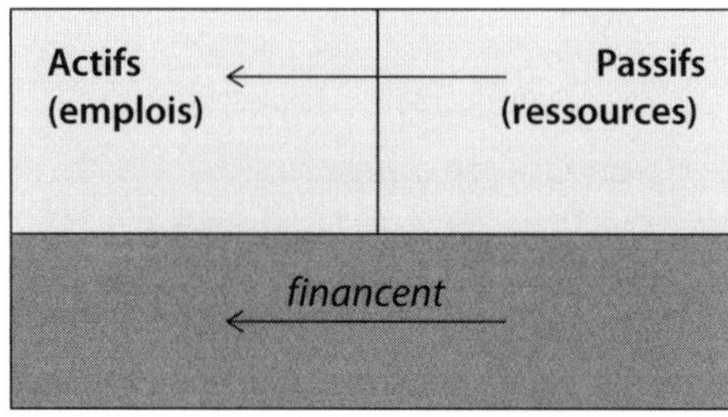

Figure 2.1 – La logique emplois-ressources du bilan

Le compte de résultat est un tableau à deux colonnes qui représente l'enrichissement net de l'entreprise sur l'exercice comptable. Dans la colonne de gauche figurent les **charges** de l'entreprise. Dans la colonne de droite figurent les **produits** de l'entreprise. L'enrichissement net est appelé « **résultat net** » et se calcule de la façon suivante :

Résultat net = Produits – Charges

Les charges de l'entreprise correspondent à tous les appauvrissements de l'exercice comptable. Ce sont les sommes et valeurs versées ou à verser, en contrepartie de biens et services consommés par l'entreprise, en exécution d'une obligation légale ou exceptionnellement, sans contrepartie.

Les charges se divisent en trois catégories :

- **charges d'exploitation** : ce sont toutes les charges liées à l'activité principale de l'entreprise ;
- **charges financières** : ce sont toutes les charges liées à une opération purement financière.

  On entend par « opération financière » une opération qui concerne des titres financiers (actions, obligations), une opération liée à un emprunt ou une opération qui concerne une variation de valeur (parité entre monnaies par exemple) ;

- **charges exceptionnelles** : ce sont toutes les charges ponctuelles qui ne sont pas liées aux deux précédentes catégories.

> **EXEMPLES DE CHARGES**
>
> Des dépenses de téléphone, des frais d'assurance, un achat de marchandises, des frais bancaires à payer.

> **Les produits de l'entreprise** correspondent à tous les enrichissements de l'exercice comptable. C'est l'ensemble des sommes ou valeurs reçues ou à recevoir en contrepartie des activités réalisées par l'entreprise.

Les produits se divisent en trois catégories, comme les charges :

- **produits d'exploitation :** ce sont tous les produits liés à l'activité principale de l'entreprise ;
- **produits financiers** : ce sont tous les produits liés à une opération purement financière ;
- **produits exceptionnels** : ce sont tous les produits ponctuels qui ne sont pas liés aux deux précédentes catégories.

> **EXEMPLES DE PRODUITS**
>
> Une vente de produits finis, des intérêts perçus sur de l'argent prêté par l'entreprise à un tiers.

Remarque

- **Si Produits > Charges : le résultat est positif.**

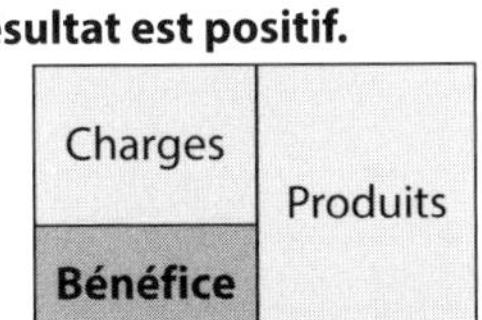

Charges + Bénéfice = Produits

Figure 2.2 – Compte de résultat en grande masse : cas d'un bénéfice

Par exemple, l'entreprise Duchamps, spécialisée dans les ouvrages en bois pour la construction (charpentes, bardages), a un montant de produits de 145 000 € pour l'année 2021. Le montant total de ses charges est de 123 000 € pour 2021. Son résultat net est donc de 145 000 – 123 000 = + 22 000 €. L'entreprise Duchamps s'est enrichie de 22 000 € sur la période comptable considérée.

■■■

■■■ • **Si Charges > Produits : le résultat est négatif.**

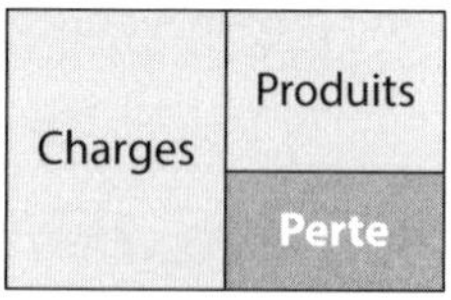

Charges = Perte + Produits

Figure 2.3 – Compte de résultat en grande masse : cas d'une perte

Par exemple, l'entreprise Yakatayé, qui propose à ses clients des services de jardinage à domicile (plantation et taille des plantes, gazon et plates-bandes, travaux de jardin) a un montant de produits de 44 000 € pour l'année 2021. Le montant total de ses charges est de 53 000 € pour 2021. Son résultat net est donc de 44 000 – 53 000 = – 9 000 €. L'entreprise Yakatayé s'est appauvrie de 9 000 € sur la période comptable considérée.
Le compte de résultat, avec le bénéfice ou la perte, est donc équilibré.

Le bilan et le compte de résultat sont des états financiers dits « normés », c'est-à-dire qu'ils obéissent à des règles de conception bien définies. Nous verrons ces règles dans la suite du présent chapitre.

L'annexe est un ensemble de documents qui précisent la façon dont les éléments du bilan et du compte de résultat ont été calculés, ainsi que les hypothèses et les méthodes utilisées pour établir l'information comptable. L'annexe comporte aussi des informations extra-comptables qui complètent l'information comptable.

L'annexe se présente en général sous la forme de tableaux complémentaires, de commentaires et de notes, mais ils sont moins normés que le bilan et le compte de résultat.

Exemple : l'entreprise Grossenblumen fabrique et commercialise des fleurs pour cérémonies funéraires. Dans le bilan ne figure qu'un seul montant de stocks « Stocks de produits 9 800 € ». Les types précis de stocks peuvent être exposés en annexes : stock de fleurs artificielles (3 200 €), stock de fleurs naturelles (2 100 €), stocks de compositions florales (4 500 €).

Application
Bilan et compte de résultat de l'entreprise Fleuram pour l'année en cours

Actif		**Passif**	
Actifs immobilisés		*Capitaux propres*	
Aménagement de constructions	25 000	Capital	80 000
Machines et installations	16 000	Réserves	18 500
Véhicules	7 800	**Résultat de l'exercice**	**7 200**
Matériel de bureau et informatique	5 200		
Actifs circulants		*Dettes*	
Stocks	17 500	Emprunts	40 000
Créances clients	9 700	Dettes fournisseurs	4 500
Trésorerie	75 000	Dettes fiscales et sociales	6 000
Total	156 200	**Total**	156 200

Charges		**Produits**	
Charges d'exploitation		*Produits d'exploitation*	
Achats	12 000	Ventes	84 400
Services extérieurs	14 000	Autres produits de gestion courante	1 000
Impôts	4 500		
Salaires	40 000		
Dotation aux ADP	5 000		
Autres charges	500		
Charges financières		*Produits financiers*	
Charges d'intérêt	1 100	Intérêts perçus	800
Charges exceptionnelles		*Produits exceptionnels*	
Autres charges	1 900	Autres produits	0
Total des charges	79 000	Total des produits	86 200
Résultat (bénéfice)	**7 200**	Résultat (perte)	0
Total général	86 200	**Total général**	86 200

Remarque

Certains objets comptables (réserves, créances clients, dotations aux amortissements, dépréciations et provisions) seront vus en détail ultérieurement.

Commentaire de la situation de Fleuram

Le bilan est équilibré (Σ *actifs* = Σ *passifs* = 156 200) et le résultat qui figure au passif du bilan (7 200 €) est le bénéfice calculé dans le compte de résultat. C'est toujours le cas en comptabilité, nous comprendrons pourquoi un peu plus loin.

Avec cette information synthétique, il est possible de commenter la situation de l'entreprise Fleuram.

Côté patrimoine, Fleuram est financée par les apports en capital de M. et Mme Jolie à hauteur de 80 000 €. L'entreprise a également obtenu un crédit de sa banque à hauteur de 40 000 €. L'ensemble a permis d'acquérir les actifs nécessaires à l'activité de l'entreprise. On voit qu'*a priori*, Fleuram ne possède pas ses locaux (sinon, une ligne « Construction » avec un montant important figurerait dans l'actif immobilisé). Par ailleurs, elle a acquis des machines et installations (machines à coudre, presses), des véhicules pour livrer les clients et un ensemble de matériels informatiques pour l'impression numérique et la conception des produits.

On peut remarquer que Fleuram a beaucoup de trésorerie (presque la moitié du total du bilan), c'est-à-dire beaucoup de monnaie sur ses comptes bancaires. Cela semble une bonne chose pour les époux Jolie, mais leur expert-comptable leur a suggéré de considérer la situation autrement. N'est-ce pas de l'argent « qui dort » ? Ne pourrait-on pas utiliser cet argent pour investir ou rembourser le crédit à la banque pour être moins dépendant d'autrui ? La comptabilité, par ces informations qu'elle nous donne, permet de se poser des questions sur la gestion de M. et Mme Jolie et de l'améliorer.

Dans le second tableau, on constate que le résultat est positif (+ 7 200 €). Le niveau élevé de produits est surtout lié à l'important chiffre d'affaires de l'entreprise (84 400 €). Côté charges, le poste le plus lourd est le montant des salaires (40 000 €, niveau que les époux Jolie se fixent), mais les autres coûts semblent bien maîtrisés, ce qui conduit à un enrichissement sur la période. Les charges financières proviennent de l'emprunt à rembourser qui, lui, figure au passif du bilan.

À l'issue de cette analyse, nous constatons que la comptabilité nous donne beaucoup d'informations à travers ces deux tableaux. L'entreprise de M. et Mme Jolie semble saine.

Mais comment ces états financiers sont-ils construits ? Pour répondre à cette question, nous devons comprendre comment la comptabilité enregistre l'information comptable au moyen des comptes du PCG.

LA CLASSIFICATION DES COMPTES DU PCG ET SA HIÉRARCHISATION

Le PCG comporte une classification des comptes. Les comptes sont rangés par numéros. Le 1er numéro du compte correspond à sa classe, le second à sa sous-classe, et ainsi de suite, dans une logique d'ensembles et de sous-ensembles (comme des poupées russes imbriquées). À chaque fois que l'on ajoute un chiffre, on crée un sous-compte. La classification donnée par le PCG doit être respectée par les entreprises, mais l'entreprise est libre de créer autant de sous-comptes que nécessaire dans cette classification.

- classe 1
  - comptes 10
    - comptes 101
    - comptes 102
      - comptes 1023
      - comptes 1025
  - comptes 11
    - comptes 110
- classe 2
  - comptes 20
    - comptes 203
  - comptes 21
      - comptes 2111
- etc.

Figure 2.4 – Principe de hiérarchie des comptes dans la classification

Les comptes sont des objets comptables qui renferment une information particulière. Nous verrons leur fonctionnement plus loin. Ils sont rangés dans des **classes de comptes**. Ces classes sont de grands ensembles thématiques de comptes et sont au nombre de 8. Voici la description des classes.

La classe 1

La classe 1 regroupe **les comptes de capitaux** : ce sont les comptes qui contiennent les informations sur les moyens de financement de long terme de l'entreprise : le capital social et les réserves (comptes 10), le report à nouveau (comptes 11), le résultat (comptes 12), les subventions de long terme (comptes 13), les provisions (comptes 14 et 15) et les dettes à long terme (comptes 16).

Quelques notions importantes :

Le capital social : c'est le capital apporté par les actionnaires à l'entreprise. En échange, les actionnaires obtiennent des titres de propriété du capital de l'entreprise (appelés « actions »), qui donnent droit à un dividende, c'est-à-dire à une fraction du bénéfice de l'entreprise.

EXEMPLE

Les sœurs Mougeot, Noémie, Jeanne et Chloé, veulent créer une entreprise. Noémie apporte 4 000 € à l'entreprise, Jeanne 5 000 € et Chloé 7 000 €. Le total du capital de l'entreprise est de 4 000 + 5 000 + 7 000 = 16 000 €. Chaque sœur possède une fraction de l'entreprise calculée comme suit :

- Noémie : $\frac{4\,000}{16\,000} = 0{,}25 \rightarrow 25\ \%$
- Jeanne : $\frac{5\,000}{16\,000} = 0{,}3125 \rightarrow 31{,}25\ \%$
- Chloé : $\frac{7\,000}{16\,000} = 0{,}4375 \rightarrow 43{,}75\ \%$

Si le bénéfice de l'année est de 1 500 € et que les actionnaires décident de distribuer 1 000 € sur ces 1 500 €, chacune recevra :

- Noémie : 1 000 × 0,25 = 250 €
- Jeanne : 1 000 × 0,3125 = 312,50 €
- Chloé : 1 000 × 0,4375 = 437,50 €

Les réserves : ce sont les bénéfices passés qui n'ont pas été distribués en dividendes aux actionnaires et qui ont été conservés dans l'entreprise pour s'autofinancer.

EXEMPLE

Dans le cas précédent, pour un bénéfice de 1 500 €, si 1 000 € ont été distribués sous forme de dividendes, les 500 € restants seront mis en réserve pour autofinancer l'entreprise.

Les autres éléments de la classe 1 seront vus ultérieurement.

La classe 2

La classe 2 regroupe les **comptes d'immobilisations** : ce sont les comptes qui contiennent les informations sur les actifs destinés à rester durablement dans l'entreprise (au-delà de l'exercice comptable).

> Il existe trois catégories d'immobilisations :
> • **immobilisations incorporelles** (comptes 20) : ce sont des immobilisations qui n'ont pas de substance physique. Ce sont en général des droits détenus ou des actifs immatériels ;
> *Exemple* : les brevets, les marques, les logiciels, les fonds de commerce.
> • **immobilisations corporelles** (comptes 21) : ce sont des immobilisations qui ont une substance physique. On y retrouve donc les biens durables qui sont tangibles ;
> *Exemples* : les terrains, les constructions, les machines, les véhicules, le mobilier.
> • **immobilisations financières** (comptes 26 et 27) : ce sont des titres financiers (actions et obligations) qui sont destinés à rester durablement dans l'entreprise (au-delà d'un an).

La classe 3

La classe 3 regroupe les **comptes de stocks et encours**. Ce sont tous les biens et services qui intègrent le cycle d'exploitation de l'entreprise. Ils sont classés par types de stocks :

- **Les matières premières** (comptes 31) : ce sont des éléments qui servent de base à un processus productif.

  Exemples : de la farine pour du pain, du tissu pour un costume.
- **Les autres approvisionnements** (comptes 32) : ce sont des éléments qui complètent les matières premières pour produire un bien ou un service. *Exemples* : du papier fin pour emballer la baguette de pain, des boutons pour un costume.
- **Les encours de biens** (comptes 33) **et de services** (comptes 34) : ce sont les stocks de produits intermédiaires, à savoir des produits fonctionnels, mais qui sont des composants de ce qui sera vendu au client.

  Exemples : des circuits imprimés pour un ordinateur, des roues à assembler pour une voiture.

- **Les produits finis** (comptes 35) : ce sont les produits terminés qui seront vendus aux clients.
- **Les marchandises** (comptes 37) : ce sont des biens qui ont été achetés et qui seront revendus en l'état sans transformation liée à un processus productif.

La classe 4

La classe 4 regroupe les **comptes de tiers**. Elle contient tous les comptes qui retracent les relations avec les autres parties prenantes de l'entreprise. Les partenaires sont les suivants : les fournisseurs (comptes 40), les clients (comptes 41), les salariés (comptes 42), les organismes sociaux (comptes 43), l'État (comptes 44), les associés et actionnaires (comptes 45), les autres parties prenantes (comptes 46).

À retenir

Un compte de la classe 4 est **soit un compte de créance** (le tiers doit de l'argent à l'entreprise), **soit un compte de dette** (l'entreprise doit de l'argent au tiers).

La classe 5

La classe 5 regroupe les **comptes financiers**. Ce sont l'ensemble des avoirs monétaires possédés par l'entreprise. On y distingue d'une part les titres financiers de court terme, destinés à être conservés moins d'un an, qui sont appelés VMP (valeurs mobilières de placement) ; d'autre part, les avoirs purement monétaires en comptes bancaires et en caisse (billets et pièces).

La classe 6

La classe 6 regroupe les **comptes de charges** (leur définition a été donnée au début du chapitre). Les charges sont classées en charges d'exploitation (comptes 60, 61, 62, 63, 64 et 65), charges financières (comptes 66) et charges exceptionnelles (comptes 67).

La classe 7

La classe 7 regroupe les **comptes de produits** (leur définition a été donnée au début du chapitre). Les produits sont classés en produits d'exploitation (comptes 70, 71, 72, 74 et 75), produits financiers (comptes 76) et produits exceptionnels (comptes 77).

La classe 8

La classe 8 regroupe les **comptes spéciaux**. Ces comptes reprennent une information liée aux engagements de l'entreprise vis-à-vis de tiers qui ne sont pas pris en compte dans les autres classes. L'utilisation de cette classe sort du cadre de cet ouvrage et ne sera pas abordée.

Progiciel

Vous pouvez voir la classification du PCG français en cliquant sur Paramètre → Plan Comptable dans votre dossier comptable.

Remarque

La classe 0 et la classe 9 n'existent pas en comptabilité, mais peuvent être créées dans le plan comptable utilisé par les entreprises pour créer des comptes extra-comptables (i.e. qui enregistrent des informations hors comptabilité).

2 | LA STRUCTURE DU BILAN ET DU COMPTE DE RÉSULTAT

Maintenant que M. et Mme Jolie ont mieux compris comment est hiérarchisé le PCG, il convient de leur expliquer l'articulation entre le PCG d'une part, le bilan et le compte de résultat d'autre part.

Les classes 1, 2, 3, 4 et 5 regroupent les comptes qui figurent uniquement au bilan. Les classes 6 et 7 regroupent les comptes qui figurent uniquement au compte de résultat.

Plus précisément, il faut pouvoir positionner chaque classe dans les états financiers. Ainsi :

- **La classe 1 est au passif** : les capitaux sont des ressources de financement qu'il faudra rendre le moment venu.
- **La classe 2 est à l'actif** : les actifs durables sont contrôlés par l'entreprise et ont une valeur économique.

■■■

- **La classe 3 est à l'actif** : les stocks sont possédés par l'entreprise et ont une valeur.
- **La classe 4 est à l'actif ou au passif**, selon que le compte est un compte de créance (actif) ou de dette (passif). En effet, une créance est un droit sur autrui qui a une valeur économique, c'est donc un actif ; tandis qu'une dette est une obligation vis-à-vis d'un tiers, donc un passif.
- **La classe 5 est à l'actif** : les avoirs monétaires ont une valeur économique et sont possédés par l'entreprise.
- **La classe 6** est côté charges (appauvrissements).
- **La classe 7** est côté produits (enrichissements).

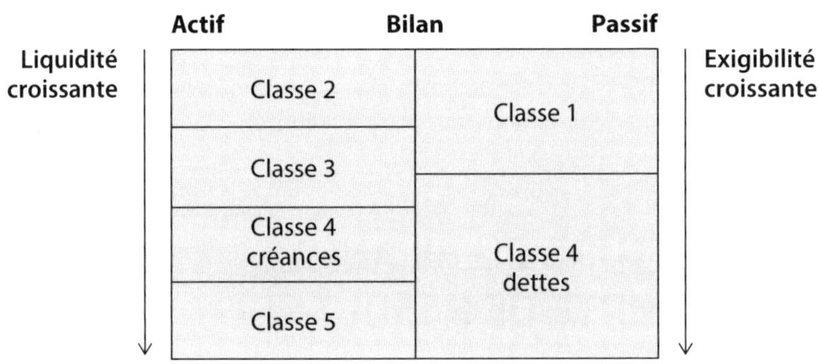

Figure 2.5 – Les classes de comptes réparties dans le bilan

Les actifs sont classés par liquidité croissante.

La liquidité d'un actif est sa capacité à être transformé rapidement et facilement en unités monétaires.

Ainsi, en haut de l'actif, nous avons les éléments les moins liquides (les brevets et les marques par exemple) et en bas de l'actif les actifs les plus liquides (les avoirs financiers).

Les passifs sont classés par exigibilité croissante.

L'exigibilité d'un passif est l'échéance plus ou moins lointaine à laquelle ce passif doit être honoré.

Ainsi, en haut du passif, nous avons les obligations les plus lointaines dans le temps, celles qui doivent être honorées à très long terme, dont l'exigibilité est faible (le capital social, par exemple, n'est rendu aux actionnaires qu'en cas de liquidation de l'entreprise). En bas du passif, nous avons les passifs exigibles à très court terme de forte exigibilité (dettes fournisseurs de quelques semaines, dettes fiscales et sociales, découverts bancaires à honorer en quelques jours).

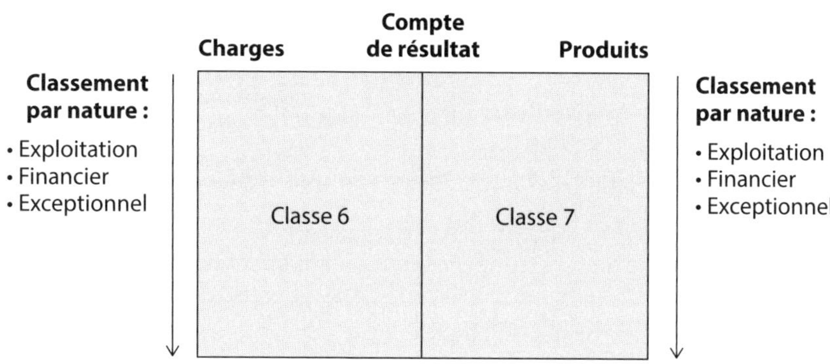

Figure 2.6 – Les classes de comptes réparties dans le compte de résultat

Côté charges et côté produits, les éléments sont classés, dans cet ordre, en éléments d'exploitation, puis financiers, puis exceptionnels. Nous avons vu la définition de ces termes ci-avant.

À retenir

Il convient de remarquer que la présentation des états financiers, par convention, obéit aux règles suivantes :

- Les comptes d'actifs et de charges sont à gauche. On y trouve les classes 2, 3, 4 créances, 5 et 6.
- Les comptes de passifs et de produits sont à droite. On y trouve les classes 1, 4 dettes et 7.

Ce formalisme est important à retenir pour l'utilisation des comptes que nous verrons plus loin.

3 COMPRENDRE LA RÉALITÉ DES ENTREPRISES

Maintenant que nous savons ce que sont un bilan et un compte de résultat, que nous avons découvert la structure d'ensemble du PCG et la hiérarchie des comptes, il est nécessaire, avant d'étudier la mécanique comptable en partie double, de comprendre la réalité des actes de l'entreprise pour pouvoir les enregistrer en comptabilité correctement.

L'ANALYSE DE LA RÉALITÉ : LA MÉTHODE

Le raisonnement va se fonder sur la notion de **quantité** et la notion de **flux**.

Une quantité est la mesure d'une grandeur à un moment donné.

EXEMPLE

L'entreprise possède 14 500 € sur son compte bancaire le 15 avril, l'entreprise a une dette envers le fournisseur Duchemin de 4 800 € le 19 mai.

Un flux est le mouvement d'une quantité d'un agent économique à un autre ou au sein d'un même agent. Ce peut être un **flux entrant** (ce flux augmente la quantité correspondante) ou un **flux sortant** (le flux diminue la quantité correspondante). Le flux peut être **monétaire** (un mouvement de monnaie) ou **réel** (un mouvement d'une quantité physique ou un mouvement d'information).

EXEMPLE

- Encaisser un chèque d'un client augmente la quantité de monnaie que l'entreprise possède. C'est donc un flux monétaire entrant.
- Vendre un terrain diminue la quantité d'immobilisations possédées par l'entreprise. C'est un flux réel sortant.

Pour comprendre ces notions, imaginons un panier de pommes. Le nombre de pommes dans le panier correspond à la quantité. Le propriétaire du panier va au cours de sa journée :

- soit ajouter des pommes dans son panier, par exemple en en achetant au marché. C'est un flux entrant qui augmente la quantité de pommes dans le panier ;
- soit retirer des pommes du panier, par exemple en en prélevant pour réaliser une compote. C'est un flux sortant qui diminue la quantité de pommes dans le panier.

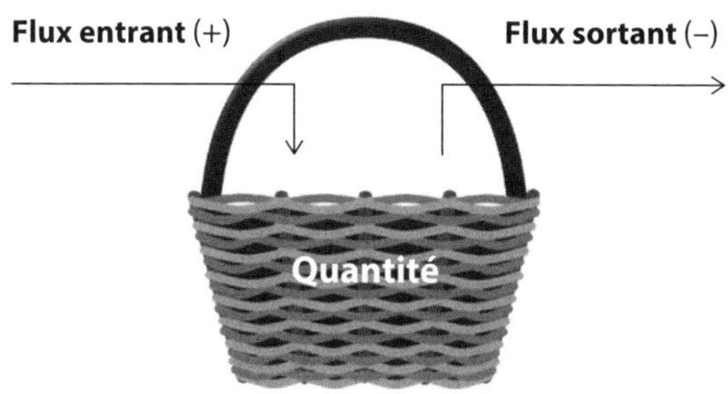

Figure 2.7 – Les flux et les quantités en comptabilité

Une fois ces notions de quantité et de flux comprises, nous allons raisonner ainsi pour comprendre et apprécier la réalité d'un acte économique réalisé par l'entreprise. Pour cela, il convient de se poser les questions suivantes :

> **1.** Quels acteurs sont concernés par l'acte économique de l'entreprise ?
> **2.** Quels flux l'acte engendre-t-il ?
> **3.** Quelles variations de quantités constate-t-on du fait de ces flux ?

Cas Fleuram

Considérons les premiers actes de la période pour Fleuram :

- **Cas (a)** : Acheter des fleurs coupées au comptant pour produire des compositions florales.
- **Cas (b)** : Vendre des compositions florales à un client du magasin, M. Labenne, qui paie en espèces.

■■■

■■■

- **Cas (c)** : Acheter un nouveau bureau, que Fleuram paiera dans une semaine à son fournisseur Meubles+.

Pour chacun des actes, analysons ce qui se passe en réalité au moyen du raisonnement vu précédemment.

Cas (a)

1. Quels acteurs sont concernés par l'acte économique de l'entreprise ?

Il s'agit ici d'un acte d'achat. Les acteurs concernés sont donc l'entreprise Fleuram et un fournisseur.

2. Quels flux l'acte engendre-t-il ?

Acheter consiste à échanger contre de la monnaie un bien ou un service. L'achat peut se faire « **au comptant** », c'est-à-dire que le paiement a lieu au même moment que l'achat, ou « **à crédit** », c'est-à-dire que le paiement aura lieu ultérieurement à l'achat. Ici, c'est un achat au comptant, donc on a un flux monétaire sortant de l'entreprise. De plus, la contrepartie de cette sortie de monnaie est un appauvrissement de l'entreprise. Il faut donc aussi constater un flux réel lié à cet appauvrissement, représenté par l'approvisionnement de fleurs coupées pour produire des compositions florales.

3. Quelles variations de quantités constate-t-on du fait de ces flux ?

L'achat va diminuer le montant de monnaie que l'entreprise détient et augmenter le total de ses appauvrissements. Côté fournisseur, le raisonnement est symétrique : dans sa comptabilité, il va constater davantage de monnaie et un enrichissement supplémentaire lié à la vente qu'il effectue.

On peut résumer l'analyse de l'acte économique d'achat de la façon suivante :

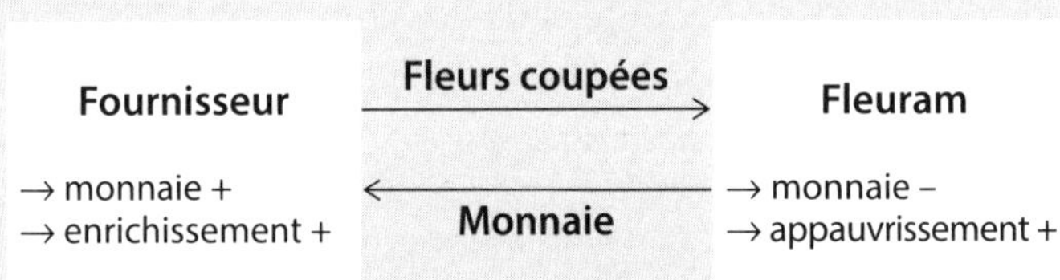

Figure 2.8 – Cas (a) : Achat au comptant de fleurs coupées

Cas (b)

1. Quels acteurs sont concernés par l'acte économique de l'entreprise ?

L'acte est une vente. Les acteurs sont donc Fleuram et son client M. Labenne.

2. Quels flux l'acte engendre-t-il ?

L'acte de vente est un acte qui entraîne la réception d'un montant monétaire en échange d'un bien ou d'un service que l'on délivre au client. Il y a donc un flux monétaire entrant. La contrepartie de cette entrée de trésorerie est un enrichissement de Fleuram. Nous avons donc aussi un flux réel correspondant à l'enrichissement lié à la vente réalisée.

■■■

■■■

3. Quelles variations de quantités constate-t-on du fait de ces flux ?

La vente va augmenter la quantité de monnaie possédée par Fleuram et va augmenter le total des enrichissements de l'entreprise. Côté client, puisqu'il achète, c'est le raisonnement symétrique déjà vu dans le cas (a).

Figure 2.9 – Cas (b) : Vente au comptant de compositions florales

Cas (c)

1. Quels acteurs sont concernés par l'acte économique de l'entreprise ?

Ici, c'est un achat, les acteurs sont donc Fleuram et son fournisseur Meubles+.

2. Quels flux l'acte engendre-t-il ?

Le cas (c) est différent du cas (a) sur deux points :

- C'est un achat « à crédit », car le paiement aura lieu dans une semaine. Il n'y a donc pas de flux monétaire au moment de cet achat.
- L'achat porte sur un bien durable, le bureau, donc **une immobilisation**. Ici, l'achat n'est donc pas un appauvrissement, mais un investissement, puisque la valeur du bureau va rester en comptabilité dans le temps.

Ainsi, nous avons deux flux réels :

- Un flux lié au fait que Fleuram va recevoir un bureau.
- Un autre flux réel qui va constater que le paiement n'a pas lieu tout de suite mais plus tard ; c'est la constatation d'**une dette** vis-à-vis du fournisseur Meubles+.

3. Quelles variations de quantités constate-t-on du fait de ces flux ?

Cet achat va augmenter le montant des immobilisations de Fleuram. De plus, comme le paiement a lieu plus tard, le montant des dettes fournisseurs va augmenter. Pour l'entreprise Meubles+, c'est une vente qui va l'enrichir, mais cette vente n'étant pas encaissée tout de suite, elle devra constater une créance sur Fleuram au moment de l'achat.

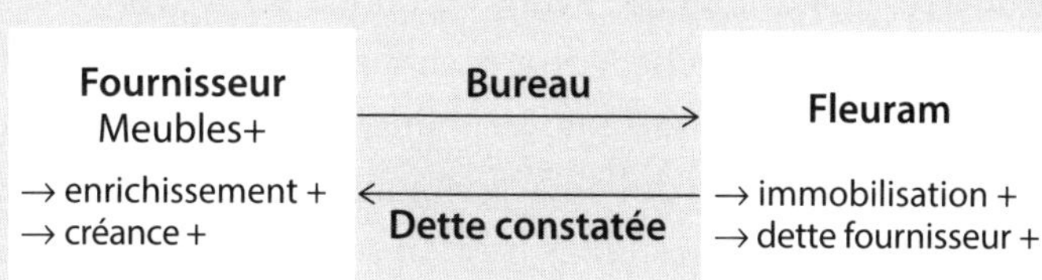

Figure 2.10 – Cas (c) : Achat à crédit d'un bureau

Remarque

Quand on raisonne en matière d'achat et de vente, on ne comptabilise pas, dans l'exercice, le suivi des stocks. Ces derniers s'ajusteront à l'inventaire (*cf.* chapitre 7).

Nous avons appris ci-dessus à caractériser la réalité de l'entreprise, afin de bien comprendre ce qu'il se passe en réalité. Il reste à traduire cette réalité dans le langage comptable et, pour cela, nous avons besoin de revenir sur le fonctionnement précis des comptes du PCG.

4 | LE FONCTIONNEMENT DES COMPTES ET LA PARTIE DOUBLE

LA DÉFINITION D'UN COMPTE

Un compte est un objet comptable qui renferme une information particulière. Il se présente sous la forme d'un tableau à deux colonnes. Une colonne de ce tableau comptabilise les augmentations du compte et l'autre colonne comptabilise les diminutions du compte. La colonne de gauche est appelée « **débit** », la colonne de droite est appelée « **crédit** » par convention.

Important

Pour l'instant, n'affecter *a priori* aucun signe + ou – aux mots « débit » ou « crédit ». Chacun de ces mots peut vouloir dire « augmentation » ou « diminution » en fonction du compte considéré. Nous verrons plus loin comment s'y retrouver.

Un compte a trois éléments :

- **Un numéro** : comme nous l'avons vu quand nous avons étudié le PCG, le numéro se lit de gauche à droite, chiffre par chiffre, dans une logique d'ensembles et de sous-ensembles imbriqués.
- **Un intitulé** : c'est le nom de l'objet comptable que décrit le compte. Le PCG recense tous les comptes utiles pour décrire la réalité de l'entreprise et on peut créer dans le PCG de nouveaux sous-comptes selon les besoins. *Exemples de compte (numéro + intitulé) :* 2154 Matériel industriel, 512 Banque, 607 Achats de marchandises.

- **Un solde** : le solde d'un compte à une date donnée est la quantité en unités monétaires que contient le compte. Ce solde varie en fonction des flux débit et crédit inscrits en compte.

Il y a trois possibilités pour la valeur du solde d'un compte :

- Si le total des montants au débit D est supérieur au total des montants au crédit C du compte, le solde est **débiteur** et vaut D – C. Il est noté SD.
- Si le total des montants au crédit C est supérieur au total des montants au débit D du compte, le solde est **créditeur** et vaut C – D. Il est noté SC.
- Si le total des montants au débit est égal au total des montants au crédit du compte, le solde est **nul**. Le compte est dit « soldé ».

D	Numéro et intitulé	C
	Solde créditeur **ou**	Solde débiteur
	Total	Total

Figure 2.11 – Représentation d'un compte en tableau (représentation « en T »)

Le tableau ne se ferme pas sur les côtés et en bas. Les mouvements (flux) au débit sont inscrits dans la colonne de gauche, les mouvements au crédit sont inscrits dans la colonne de droite. Remarquons que le solde du compte se met en évidence du côté opposé à son appellation, à savoir qu'un solde débiteur s'inscrit au crédit du compte et qu'un solde créditeur s'inscrit au débit du compte. Ceci afin que les totaux soient égaux.

EXEMPLES

Mouvements débit/crédit sur des comptes et calcul des soldes

- Le compte 213 Construction :

D 213 Construction	C
45 000	50 000
64 000	
	SD = 59 000
109 000	109 000

■■■

Calcul du solde : on a D > C, donc le solde est débiteur et vaut :
D – C = 64 000 + 45 000 – 50 000 = 59 000.

• Le compte 164 Emprunts :

D	164 Emprunts	C
	25 000	150 000
	35 000	
	SD = 90 000	
	150 000	150 000

Calcul du solde : on a C > D, donc le solde est créditeur et vaut :
C – D = 150 000 – 25 000 – 35 000 = 90 000.

• Le compte 411 Clients :

D	411 Clients	C
	14 000	7 000
	35 000	2 000
		5 000
	Solde nul / compte soldé	
	14 000	14 000

Calcul du solde : on a D = C (14 000 = 7 000 + 2 000 + 5 000) donc le solde est nul et le compte est soldé.

L'UTILISATION DES COMPTES ET LES MOUVEMENTS DÉBIT/ CRÉDIT EN SYSTÈME PARTIE DOUBLE

Bien débiter et créditer les comptes

Pour augmenter ou diminuer un compte d'un certain montant, on va inscrire le montant soit au débit, soit au crédit, selon le type de compte. Il existe deux familles de comptes :

- **Les comptes d'actif et de charges** augmentent au débit et diminuent au crédit. Autrement dit, pour les comptes qui figurent à l'actif ou en charges, débit signifie « + » et crédit signifie « – ».
- **Les comptes de passif et de produits** augmentent au crédit et diminuent au débit. Autrement dit, pour les comptes figurant au passif ou en produits, débit signifie « – » et crédit signifie « + ».

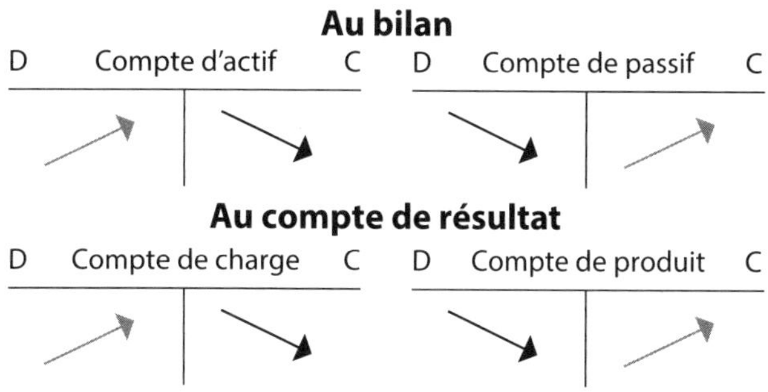

Figure 2.12 – Le fonctionnement des comptes

Moyen mnémotechnique pour retenir le fonctionnement des comptes

- Les comptes « à gauche » des états financiers (actifs et charges) augmentent par la gauche.
- Les comptes « à droite » des états financiers (passifs et produits) augmentent par la droite.

Rappels (*cf.* figures 2.5 et 2.6)

- On trouve à l'actif les comptes de classe 2, 3, 4 créances et 5.
- On trouve en charges les comptes de classe 6.
- On trouve au passif les comptes de classe 1 et 4 dettes.
- On trouve en produits les comptes de classe 7.

En conséquence, on peut connaître le fonctionnement de n'importe quel compte en connaissant simplement son numéro. Avec son numéro, on a sa classe (le 1er chiffre). Avec sa classe, on sait si c'est un actif, un passif, une charge ou un produit. Et si on connaît le type de compte, on connaît son fonctionnement débit/crédit.

EXEMPLES

- Le compte 120 Résultat → classe 1 → passif → augmente au crédit, diminue au débit.
- Le compte 37 Stocks de marchandises → classe 3 → actif → augmente au débit, diminue au crédit.
- Le compte 43 Organismes sociaux → classe 4, mais il faut déterminer si c'est une dette ou une créance ; ici, c'est un compte qui mesure les cotisations sociales que l'entreprise doit payer aux organismes sociaux comme l'URSSAF, donc c'est un compte de dette → passif → augmente au crédit, diminue au débit.

Bien utiliser les comptes pour retranscrire la réalité de l'entreprise

Il reste maintenant à englober dans un même raisonnement les méthodes vues précédemment et à les appliquer à la technique comptable en partie double.

> **Principe de la partie double** : tout mouvement (débit ou crédit) sur un compte entraîne une contrepartie sur un ou plusieurs autres comptes, de sorte que la somme des mouvements se compense. Dans un enregistrement comptable, on utilise donc au moins deux comptes et on a toujours :
>
> $\sum$ montants débités = $\sum$ montants crédités pour une même opération.

Le raisonnement à suivre pour enregistrer la réalité des entreprises dans le langage comptable est le suivant :

> **Raisonnement**
>
> **1.** Que se passe-t-il en réalité en matière de flux et de variations de quantités ?
>
> **2.** Quels comptes sont susceptibles de retracer ce qui se passe en réalité ?
>
> **3.** Comment chacun de ces comptes fonctionne-t-il ?
>
> **4.** Veut-on augmenter ou diminuer chacun de ces comptes ?
>
> **5.** L'ensemble des mouvements débit/crédit respecte-t-il le principe de la partie double ?

Cas Fleuram

Fleuram souhaite acheter un terrain à la mairie pour faire construire son nouveau magasin le 15 juin. Le montant de cette acquisition est de 100 000 €. 30 % seront payés comptant et le reste sera réglé dans 2 mois.

1. Que se passe-t-il en réalité en matière de flux et de variations de quantités ?

Fleuram va obtenir un terrain supplémentaire dans sa comptabilité (flux réel) et devra pour cela payer une partie du prix (flux monétaire sortant) et constater une dette supplémentaire vis-à-vis de celui à qui Fleuram achète le terrain (flux réel).

2. Quels comptes sont susceptibles de retracer ce qui se passe en réalité ?

Un terrain est une immobilisation, le compte concerné est à chercher dans la classe 2. Nous trouvons 211 Terrains.

Un paiement s'effectue avec des avoirs monétaires, le compte concerné est donc dans la classe 5. Nous trouvons le compte 512 Banque.
Une dette est un passif. Ici, cette dette est liée à un fournisseur qui nous vend l'immobilisation, en l'occurrence la mairie. C'est donc en classe 4 que l'on va trouver cette dette. Nous trouvons le compte 404 Fournisseurs d'immobilisations.

3. Comment chacun de ces comptes fonctionne-t-il ?

- Le compte 211 Terrains : classe 2, c'est un actif, donc il augmente par le débit et diminue par le crédit (abréviation : D+ / C –).
- Le compte 512 Banque : classe 5, c'est un actif, donc D+ / C–
- Le compte 404 Fournisseurs d'immobilisations : classe 4 dettes, c'est un passif, donc D – / C+

4. Veut-on augmenter ou diminuer chacun de ces comptes ?

Fleuram achète un terrain en payant une partie comptant et une partie constituée sous forme de dette qui sera payée plus tard à la mairie. À l'issue de l'opération, l'entreprise :

- va avoir un terrain en plus ; le compte 211 Terrain augmente de la valeur du terrain, soit 100 000 € → **ce compte est débité de 100 000 €** ;
- va avoir moins de monnaie du fait du paiement ; le compte 512 Banque diminue de 30 000 € → **ce compte est crédité de 30 000 €** ;
- va constituer une dette en plus pour 70 % du montant total ; le compte 404 Fournisseurs d'immobilisations va augmenter de 70 000 € → **ce compte est crédité de 70 000 €**.

En représentation en T, cela donne :

D 211 Terrains	C	D 512 Banque	C	D 404 Fournisseurs	C
100 000			30 000		70 000

5. L'ensemble des mouvements débit/crédit respecte-t-il le principe de la partie double ?

En reprenant la représentation en T, on constate que :

$$\sum \text{montants débités} = \sum \text{montants crédités.}$$

En effet, 100 000 + 0 + 0 = 0 + 30 000 + 70 000. Le principe de la partie double est donc respecté.
Ça y est ! On a traduit en langage comptable, de façon très simple, l'achat de Fleuram.

Remarque

Sur le fonctionnement débit/crédit du compte 512, voir chapitre 4.

L'écriture comptable

En pratique, on ne présentera pas un enregistrement comptable en T. On utilisera plutôt un formalisme particulier, l'écriture comptable. Cette dernière s'enregistre au journal de l'entreprise.

Nos de compte	date	Débit	Crédit
N	intitulé de compte à débiter	X	
N	intitulé de compte à débiter	X	
N	intitulé de compte à créditer		X
N	intitulé de compte à créditer		X
	pièce comptable justificative		
	date		
N	intitulé de compte à débiter	X	
N	intitulé de compte à débiter	X	
N	intitulé de compte à créditer		X
N	intitulé de compte à créditer		X
	pièce comptable justificative		
	…		

Figure 2.13 – Le formalisme de l'écriture comptable

Une écriture comptable comporte quatre éléments :

- Une date.
- Une pièce justificative, qui comporte toutes les informations servant à enregistrer l'écriture. C'est un document qui reflète la réalité de l'opération économique effectuée.
- Les numéros et intitulés des comptes utilisés.
- Les montants débités et crédités.

Remarques de présentation

- Chaque écriture est séparée des autres par un trait horizontal, dans la deuxième colonne uniquement.
- L'intitulé des comptes à débiter est aligné avec la marge gauche de la deuxième colonne.
- L'intitulé des comptes à créditer comporte un alinéa prononcé afin de bien voir quels comptes sont débités et quels comptes sont crédités.
- On inscrit tous les comptes débités d'abord, en un bloc, puis tous les comptes crédités.
- On ne mentionne pas le symbole monétaire dans les montants chiffrés (€ pour la France).

Cas Fleuram

- Reprenons l'exemple de Fleuram. L'écriture correspondant à notre enregistrement en T est le suivant :

N^{os} de compte	date	Débit	Crédit
211	Terrains	100 000	
512	Banque		30 000
404	Fournisseurs d'immobilisations		70 000
	facture/acte notarié		
	…		

5 | LE PROCESSUS COMPTABLE, DE LA RÉALITÉ AUX ÉTATS FINANCIERS

ENJEU DU PROCESSUS COMPTABLE DANS LA VIE DES ENTREPRISES

Le processus comptable permet de passer de la réalité des entreprises au bilan et au compte de résultat. Il est fondamental pour comprendre comment l'entreprise transmet l'information comptable aux parties prenantes.

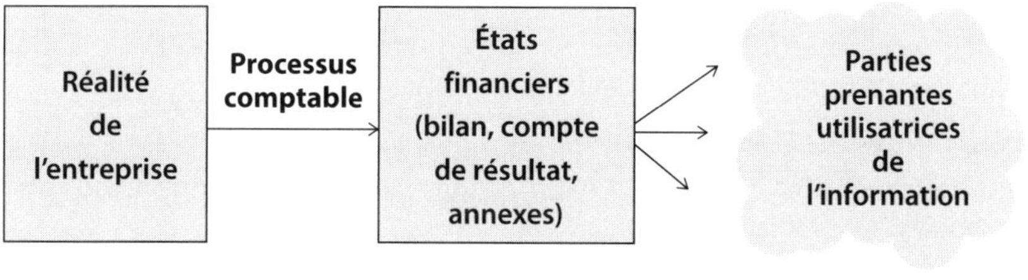

Figure 2.14 – Le contexte du processus comptable

LES ÉTAPES DU PROCESSUS COMPTABLE

Le processus est le suivant. La ligne supérieure indique la logique du processus en matière d'information, la ligne inférieure indique la correspondance en termes de pratique comptable.

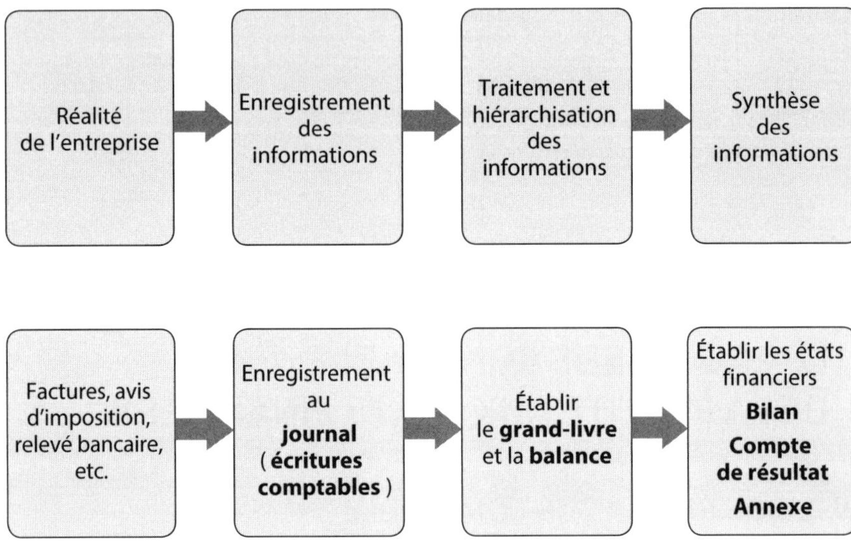

Figure 2.15 – Le processus comptable

Revenons sur chacune des étapes du processus.

Le journal

Ce document intermédiaire sert à enregistrer l'information dans l'ordre chronologique, avec le formalisme de l'écriture comptable que nous avons vu précédemment. Les documents relatifs à ces enregistrements sont les pièces comptables qui attestent de l'existence des opérations économiques enregistrées.

En pratique, le journal est divisé en plusieurs sous-journaux thématiques. Les sous-journaux les plus fréquents dans les logiciels comptables sont le journal « Achats », le journal « Ventes », le journal « Financier » et le journal « OD » (opérations diverses).

Progiciel

Vous pouvez accéder aux différents journaux d'un dossier comptable sur le progiciel en ligne en cliquant sur Comptabilité. Il y a les 4 journaux décrits ci-dessus et on peut créer de nouveaux journaux dans Paramètre → Journaux.

Le grand-livre

On va synthétiser et remanier l'information chronologique du journal pour éditer le grand-livre. Cet état intermédiaire regroupe l'ensemble des comptes et leurs mouvements débit/crédit, dans une présentation compte par compte. On le présente en général en comptes en T.

Par rapport au journal, on perd deux informations dans le grand-livre : la date de chaque opération et la mention de la pièce comptable justificative. On ne conserve que les numéros de comptes, les intitulés et les mouvements débit/crédit. En revanche, la vision par compte permet de calculer le solde de chacun des comptes.

101 Capital		205 Logiciels		411 Clients		
D	C	D	C	D	C	
	X	X		X	X	
	X	X		X	X	
SC = X			**SD = X**	X	**SD = X**	… etc.

Figure 2.16 – Présentation du grand-livre

La balance

À partir du grand-livre, on va encore synthétiser l'information. On ne reprend dans la balance que les numéros de compte, leurs intitulés et les soldes des comptes calculés précédemment. Parfois, on y ajoute à titre de vérification les totaux débits et crédits qui permettent de calculer le solde de chaque compte. En passant du grand-livre à la balance, on perd le détail des mouvements débit/crédit. On présente la balance des comptes dans l'ordre du PCG.

Important

La balance est toujours équilibrée, c'est-à-dire que la somme des soldes débiteurs et égale à la somme des soldes créditeurs.

$$\sum SD = \sum SC$$

■■■

N°	Intitulés	SD	SC
Total		ΣSD	ΣSC

Figure 2.17 – Présentation de la balance

Les états financiers

Une fois la balance établie, il suffit de reclasser les comptes à leur place dans le bilan et le compte de résultat, en reprenant leur intitulé et leur solde, sans leur numéro. Les comptes 1 et 4 dettes vont au passif, les comptes 2, 3, 4 créances et 5 à l'actif, les comptes 6 en charges, les comptes 7 en produits.

Une fois ce reclassement réalisé, le bilan n'est pas encore équilibré. En effet, il faut calculer le résultat net (Produits – Charges) dans le compte de résultat et reporter au passif du bilan (compte 120 Bénéfice avec un signe + ou compte 129 Perte avec un signe –) le résultat dans les capitaux propres. Ce report équilibre nécessairement le bilan, puisque la balance est équilibrée.

Application Fleuram corrigée

Deux semaines plus tard, M. et Mme Jolie me contactent à nouveau :

« La lettre de mission que vous nous avez envoyée nous convient, on vous confie notre comptabilité et notre gestion !

- Parfait ! Envoyez-moi les documents comptables que vous avez, afin que je puisse commencer à travailler.
- D'accord, ce sera fait rapidement. D'ailleurs, nous avons repéré le terrain que nous voulons acheter pour nous agrandir ! Mais c'est un peu cher et *a priori*, nous n'avons pas assez pour l'acquérir.
- Nous verrons cela ensemble. Je passe vous voir dans la journée pour que l'on trouve une solution. Je dois vous quitter, un appel urgent. À tout à l'heure !
- Au revoir. »

Le bilan de Fleuram est repris ci-après. Il a été établi le 31 mars de l'exercice N.

Actif		Passif	
Actifs immobilisés		*Capitaux propres*	
Aménagements de constructions	25 000	Capital	80 000
Machines et installations	16 000	Réserves	18 500
Véhicules	7 800	**Résultat de l'exercice**	**7 200**
Matériel de bureau et informatique	5 200		
Actifs circulants		*Dettes*	
Stocks	17 500	Emprunts	40 000
Créances clients	9 700	Dettes fournisseurs	4 500
Trésorerie (banque)	75 000	Dettes fiscales et sociales	6 000
Total	156 200	**Total**	156 200

M. et Mme Jolie adressent à leur expert-comptable les documents qui retracent leurs opérations de la première semaine d'avril. Les voici (on raisonne ici sans TVA, cet impôt sera vu dans le chapitre 3) :

- 01/04 : Ventes de la journée pour 420 €, l'ensemble étant réglé en espèces au comptant.
- 02/04 : Achats de fleurs pour 240 €, le paiement est prévu pour le 08/04.
- 02/04 : Ventes de la journée : 850 €, l'ensemble étant réglé par chèques qui sont immédiatement portés en banque.
- 03/04 : Achats de fournitures pour 300 €. Paiement comptant par chèque.
- 04/04 : Les époux Jolie apportent le contenu de la caisse (420 €) en banque.
- 07/04 : Rendez-vous avec le banquier pour financer l'achat du terrain. La banque octroie un prêt à Fleuram pour 50 000 €.
- 08/04 : Ventes de la journée pour 380 €, payées en espèces.

Travail à faire

1. Enregistrer au journal les opérations de la première semaine d'avril, en précisant à chaque fois le raisonnement sous-jacent.

2. Établir le grand-livre de Fleuram à la date du 08/04.

3. Établir la balance à cette même date.

4. Établir les états financiers, bilan et compte de résultat.

Corrigé détaillé

1. Enregistrer au journal les opérations de la première semaine d'avril, en précisant à chaque fois le raisonnement sous-jacent.

01/04 : Ventes de la journée pour 420 €, l'ensemble étant réglé en espèces au comptant :

- L'opération concerne l'entreprise et ses clients. Fleuram effectue des ventes qui l'enrichissent et elle reçoit en contrepartie de la monnaie.

■■■

- Les comptes concernés sont un compte d'enrichissement, de produits (compte 70 Ventes) et un compte de trésorerie qui comptabilise de la monnaie (compte 53 Caisse).
- Le compte 70 est un compte de produit, il augmente au crédit et diminue au débit. Le compte caisse est un actif, qui augmente au débit et diminue au crédit.
- Les ventes de la journée ont entraîné un enrichissement supplémentaire (le compte 70 augmente, donc on le crédite) et davantage de monnaie dans la caisse (le compte 53 augmente, donc on le débite).
- L'écriture comptable équilibrée est la suivante :

Nos de compte N	01/04/N	Débit	Crédit
53 70	Caisse Ventes *Tickets clients*	420	 420
	…		

02/04 : Achats de fleurs pour 240 €, le paiement est prévu pour le 08/04.

- L'achat concerne l'entreprise et un fournisseur. L'achat est un coût pour Fleuram, ce coût l'appauvrit. Le paiement est prévu à l'avenir, donc aucun paiement n'a lieu pour l'instant de la part de Fleuram. On doit donc constater une dette vis-à-vis du fournisseur, dette qui sera normalement éteinte au paiement qui est prévu le 08/04.
- Pour mesurer l'appauvrissement lié à l'achat, on doit utiliser un compte de charge. Ce coût est lié à un approvisionnement en fleurs qui sert à produire des compositions florales et des paquets cadeaux végétaux. Ce sont donc des matières premières et on utilisera le compte 601 Achats de matières premières. En contrepartie, Fleuram ne paie pas tout de suite, donc on va constituer une dette fournisseur en compte 401 Fournisseurs.
- Le compte 601 est un compte de charge qui augmente au débit et diminue au crédit. Le compte 401 est un compte de passif qui augmente au crédit et diminue au débit.
- L'achat entraîne un coût supplémentaire qui appauvrit, il faut donc constater une charge en plus dans la comptabilité. On doit donc augmenter le compte 601, donc le débiter. En contrepartie, on constate une dette en plus dans la comptabilité de Fleuram, donc le 401 est crédité.
- L'écriture comptable équilibrée est la suivante :

Nos de compte N	02/04/N	Débit	Crédit
601 401	Achats de matières premières Fournisseurs *facture n°…*	240	 240
	…		

■■■

■■■

02/04 : Ventes de la journée : 850 €, l'ensemble étant réglé par chèques qui sont immédiatement portés en banque.

Le raisonnement est le même que pour l'opération du 01/04. Seule différence : le règlement des clients s'est fait par chèque, donc on utilise le 512 Banque au lieu du 53 Caisse.

Nos de compte N	02/04/N	Débit	Crédit
512 70	Banque Ventes *Chèques clients*	850	 850
	…		

03/04 : Achats de fournitures pour 300 €. Paiement comptant par chèque.

Le raisonnement est similaire à l'opération du 02/04, sauf que le paiement est comptant. On utilise donc le compte 512 Banque au lieu d'un compte de dette 401 Fournisseurs. De même, on adapte le compte de charges, puisque Fleuram achète des fournitures et non des matières premières.

Nos de compte N	03/04/N	Débit	Crédit
6022 512	Fournitures Banque *facture n°…*	300	 300
	…		

04/04 : Les époux Jolie apportent le contenu de la caisse (420 €) en banque.

- Cette opération ne concerne que l'entreprise Fleuram. Il s'agit d'un transfert de la caisse vers la banque.
- On va utiliser les comptes 53 Caisse et 512 Banque.
- Ces deux comptes sont des comptes d'actif. Ils augmentent au débit et diminuent au crédit.
- Le transfert de la caisse vers la banque entraîne le fait que le compte 53 va diminuer (par le crédit) et le compte banque va augmenter (par le débit).
- L'écriture :

Nos de compte N	04/04/N	Débit	Crédit
512 53	Banque Caisse *bordereau n°…*	420	 420
	…		

■■■

■■■

07/04 : Rendez-vous avec le banquier pour financer l'achat du terrain. Le banquier octroie un prêt à Fleuram pour 50 000 €.

- L'opération concerne le banquier et Fleuram. C'est une opération d'emprunt qui va apporter à l'entreprise des fonds supplémentaires en banque. La contrepartie est que cet argent devra être remboursé plus tard, on constitue donc une dette.
- Les comptes concernés sont le compte 512 Banque (puisque Fleuram va recevoir, à la signature du contrat d'emprunt, 50 000 €) et un compte de dettes financières. Ces dettes étant du financement de long terme, on ne va pas le trouver dans la classe 4 comme les dettes fournisseurs ou d'autres dettes de court terme, mais dans la classe 1. On va donc utiliser le compte 164.
- Le compte 512 est un actif qui augmente par le débit, le compte 164 est un passif qui augmente par le crédit.
- Le contrat d'emprunt va augmenter les avoirs monétaires de Fleuram, donc le compte 512 va augmenter (par le débit). La contrepartie est une dette supplémentaire en compte 164. Ce compte va donc augmenter (par le crédit).
- L'écriture :

N^{os} de compte N	07/04/N	Débit	Crédit
512 164	Banque Emprunts *contrat d'emprunt*	50 000	 50 000
	…		

08/04 : Ventes de la journée pour 380 €, payées en espèces.

C'est le même raisonnement que pour les autres ventes précédemment enregistrées. L'écriture est donc :

N^{os} de compte N	08/04/N	Débit	Crédit
53 70	Caisse Ventes *Tickets clients*	380	 380
	…		

2. Établir le grand-livre de Fleuram à la date du 08/04.

Nous pouvons à présent établir le grand-livre. Nous allons déjà reprendre les comptes du bilan, avec leur solde initial débiteur (noté « **SI** = » côté débit) ou créditeur (noté « **SI** = » côté crédit).

■■■

D — 101 Capital	C
	SI = 80 000

D — 106 Réserves	C
	SI = 18 500

D — 120 Résultat	C
	SI = 7 200

D — 164 Emprunts	C
	SI = 40 000

D — 2135 Aménagements	C
SI = 25 000	

D — 2154 Machines	C
SI = 16 000	

D — 2182 Véhicules	C
SI = 7 800	

D — 2183 Matériel	C
SI = 5 200	

D — 3 Stocks	C
SI = 17 500	

D — 401 Fournisseurs	C
	SI = 4 500

D — 411 Clients	C
SI = 9 700	

D — 44 Dettes fiscales	C
	SI = 6 000

D — 512 Banque	C
SI = 75 000	

Une fois les soldes initiaux repris, nous pouvons retranscrire dans le grand-livre l'information du journal, à savoir prendre les comptes mouvementés et inscrire leurs mouvements débit/crédit dans une représentation en T. Une fois cela réalisé, nous pouvons calculer les soldes de chaque compte (en gras).
Cela donne :

D — 101 Capital	C
	SI = 80 000
SC = 80 000	

D — 106 Réserves	C
	SI = 18 500
SC = 18 500	

D — 120 Résultat	C
	SI = 7 200
SC = 7 200	

D — 164 Emprunts	C
	SI = 40 000
	50 000
SC = 90 000	

D — 2135 Aménagements	C
SI = 25 000	
	SD = 25 000

D — 2154 Machines	C
SI = 16 000	
	SD = 16 000

D — 2182 Véhicules	C
SI = 7 800	
	SD = 7 800

D — 2183 Matériel	C
SI = 5 200	
	SD = 5 200

D — 3 Stocks	C
SI = 17 500	
	SD = 17 500

D — 401 Fournisseurs	C
	SI = 4 500
	240
SC = 4 740	

D — 411 Clients	C
SI = 9 700	
	SD = 9 700

D — 44 Dettes fiscales	C
	SI = 6 000
SC = 6 000	

D — 512 Banque	C
SI =75 000	300
850	
420	
50 000	**SD = 125 970**

D — 53 Caisse	C
420	420
380	
	SD = 380

D — 601 Achats de MP	C
240	
	SD = 240

D — 6022 Fournitures	C
300	
	SD = 300

D — 70 Ventes	C
	420
	850
SC = 1 650	380

3. Établir la balance à cette même date.

Nous reprenons dans la balance les numéros, intitulés et soldes débiteurs ou créditeurs à partir du grand-livre. Nous vérifions ensuite que la balance est bien équilibrée.

N°	Intitulés	SD	SC
101	Capital		80 000
106	Réserves		18 500
120	Résultat		7 200
164	Emprunts		90 000
2135	Aménagements	25 000	
2154	Machines	16 000	
2182	Véhicules	7 800	
2183	Matériel de bureau et matériel informatique	5 200	
3	Stocks	17 500	
401	Fournisseurs		4 740
411	Clients	9 700	
44	Dettes fiscales		6 000
512	Banque	125 970	
53	Caisse	380	
601	Achats de MP	240	
6022	Fournitures	300	
70	Ventes		1 650
Total		**208 090**	**208 090**

4. *Établir les états financiers, bilan et compte de résultat.*

Nous reclassons ces comptes dans le compte de résultat et le bilan. Nous commençons par le compte de résultat pour calculer la variation du résultat sur la première semaine d'avril. Puis nous reporterons cette variation dans la ligne résultat au bilan.

Compte de résultat au 08/04

Charges		**Produits**	
Charges d'exploitation		*Produits d'exploitation*	
Achats de MP	240	Ventes	1 650
Achats de fournitures	300	Autres produits de gestion courante	0
Services extérieurs	0		
Impôts	0		
Salaires	0		
Dotation aux ADP	0		
Autres charges de gestion	0		
Charges financières		*Produits financiers*	
Charges d'intérêt	0	Intérêts perçus	0
Charges exceptionnelles		*Produits exceptionnels*	
Autres charges	0	Autres produits	0
Total des charges	540	Total des produits	1 650
Résultat (bénéfice)	**1 110**	Résultat (perte)	0
Total général	1 650	Total général	1 650

Le bénéfice de la semaine s'établit ainsi à 1 110 (1 650 – 240 – 300). Ce bénéfice de la semaine augmentera la ligne « bénéfice » au passif du bilan.

Bilan au 08/04 sans l'impact résultat, donc déséquilibré

Actif		**Passif**	
Actifs immobilisés		*Capitaux propres*	
Aménagements de constructions	25 000	Capital	80 000
Machines et installations	16 000	Réserves	18 500
Véhicules	7 800	**Résultat de l'exercice**	**7 200**
Matériel de bureau et informatique	5 200		
Actifs circulants		*Dettes*	
Stocks	17 500	Emprunts	90 000
Créances clients	9 700	Dettes fournisseurs	4 740
Banque	125 970	Dettes fiscales et sociales	6 000
Caisse	380		
Total	207 550	**Total**	206 440

L'écart entre l'actif et le passif est de : 207 550 – 206 440 = 1 110, précisément l'impact résultat de la semaine. Le résultat total est donc de 7 200 + 1 110 = 8 310.

Bilan équilibré au 08/04

Actif		**Passif**	
Actifs immobilisés		*Capitaux propres*	
Aménagements de constructions	25 000	Capital	80 000
Machines et installations	16 000	Réserves	18 500
Véhicules	7 800	**Résultat de l'exercice**	**8 310**
Matériel de bureau et informatique	5 200		
Actifs circulants		*Dettes*	
Stocks	17 500	Emprunts	90 000
Créances clients	9 700	Dettes fournisseurs	4 740
Banque	125 970	Dettes fiscales et sociales	6 000
Caisse	380		
Total	207 550	**Total**	207 550

Voilà ! Les époux Jolie sont rassurés, la comptabilité, ce n'est pas si compliqué… Et la finalisation de l'emprunt auprès du banquier permettra de s'agrandir.

6 | LIRE ET CONSTRUIRE UN BILAN ET UN COMPTE DE RÉSULTAT, C'EST SIMPLE !

Voici une synthèse de la mécanique comptable vue précédemment.

COMPRENDRE LA STRUCTURE DU PCG ET DES ÉTATS FINANCIERS

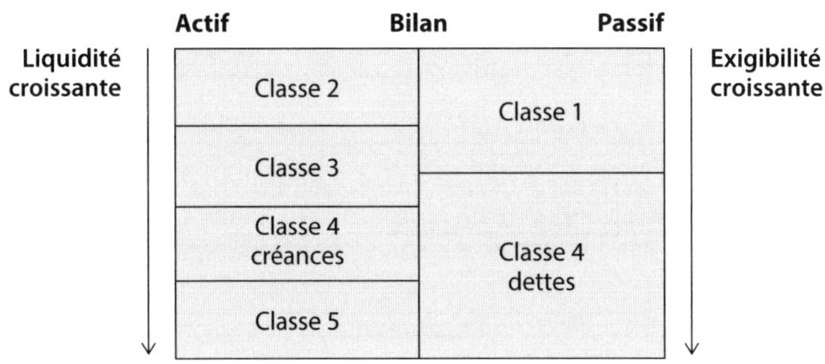

Figure 2.18 – Les classes de comptes réparties dans le bilan

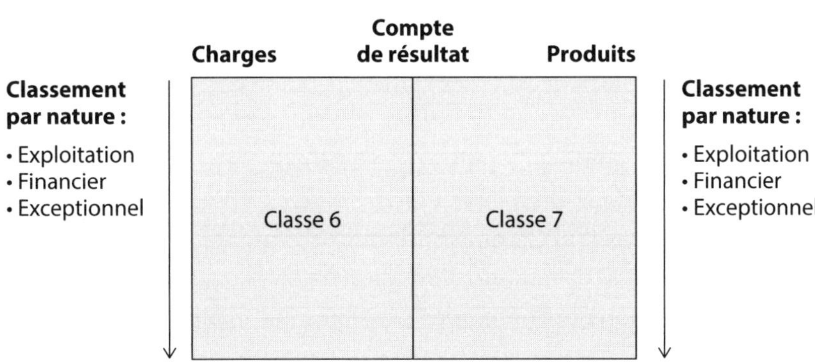

Figure 2.19 – Les classes de comptes réparties dans le compte de résultat

COMPRENDRE LE FONCTIONNEMENT DES COMPTES

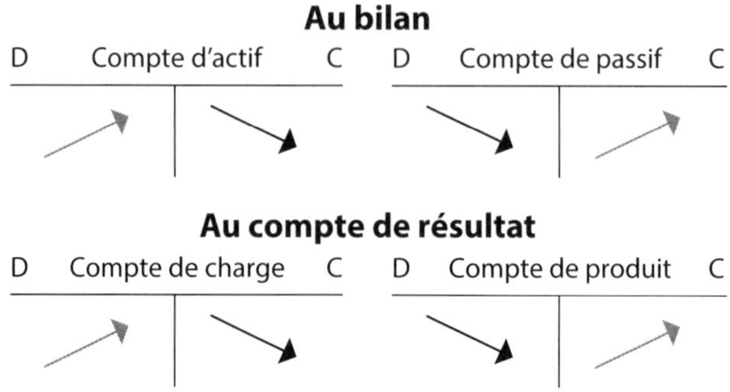

Figure 2.20 – Le fonctionnement des comptes

BIEN RETRANSCRIRE LA RÉALITÉ ÉCONOMIQUE DANS LE LANGAGE COMPTABLE

Raisonnement

- Que se passe-t-il en réalité en matière de flux et de variations de quantités ?
- Quels comptes sont susceptibles de retracer ce qui se passe en réalité ?
- Comment chacun de ces comptes fonctionne-t-il ?
- Veut-on augmenter ou diminuer chacun de ces comptes ?
- L'ensemble des mouvements débit/crédit respecte-t-il le principe de la partie double ?

C'est donc tout simple ! La plus grande difficulté à ce stade pour le néophyte se situe aux deux premières étapes, à savoir comprendre la réalité et identifier les comptes du PCG qui vont pouvoir exprimer cette réalité dans le langage comptable. Mais rassurez-vous, les chapitres suivants vont étudier la plupart des opérations économiques possibles, les expliquer et faire le lien avec le PCG.

Il ne vous reste plus qu'à vous entraîner !

7 EXERCICES ET APPLICATIONS

Exercice 1
Cas Dibipren

L'entreprise Dibipren conçoit, fabrique et commercialise des autocollants publicitaires et de loisir. Elle vous communique des éléments de sa comptabilité :

- Éléments de bilan :

Objet comptable	Montant en €
Caisse	500
Stock de matières premières	4 500
1 bureau	1 500
1 local avec ses dépendances	52 800
Stock de marchandises	6 000
Compte bancaire de l'entreprise	1 650
Un véhicule utilitaire de livraison	17 000
Matériel et outillage	9 600
Dettes auprès des fournisseurs	12 400
Emprunt restant auprès de la Banque	20 000
Capital	36 650

- Éléments de compte de résultat :

Objet comptable	Montant en €
achats de marchandises	12 800
achats de matières premières	37 000
règlement des salaires	52 000
charges sociales	25 800
paiement de frais de réparation	9 100
ventes de marchandises	22 500
ventes de produits finis	36 400
règlement de frais de transport	3 700
ventes de produits finis	108 600
versement d'intérêts à la banque	600
frais de téléphone	700
frais de mission	1 100
Amendes et pénalités	200

■■■

■■■

Travail à faire

1) Pour chaque élément de la comptabilité de Dibipren, associer un compte comptable du Plan Comptable Général français.

2) Calculer le montant total des actifs. Calculer le montant total des dettes. Calculer les capitaux propres, comme étant la différence Actifs – Dettes.

3) Établir le bilan de Dibipren en reclassant les comptes de bilan. Que remarquez-vous ?

4) Calculer le résultat net et établir le compte de résultat de l'entreprise.

5) Corriger le bilan à la lumière de la question 4.

Exercice 2
Cas Prada

L'entreprise Prada vous communique quelques comptes de son grand-livre pour analyse. (SI = solde initial)

D	101 Capital C
	SI=80 000
	25 000

D	164 Emprunts C
	SI=40 000
13 000	17 000

D	211 Terrains C
SI=25 000	
14 000	

D	2154 Machines C
SI=16 000	
25 000	15 000

D	2183 Matériel C
SI=5 200	
4 100	
6 000	

D	401 Fournisseurs C
	SI=4 500
	1 400
	2 700

D	411 Clients C
SI=9 700	
4 000	2 800

D	512 Banque C
SI=2 500	
3 000	1 400
5 000	1 200
4 000	

Travail à faire

1) Pour chaque compte, indiquer la classe du compte, sa nature (actif/passif/charge/produit) et son fonctionnement en termes de débit/crédit.

2) Pour chaque mouvement débit/crédit de chaque compte, décrire la réalité économique qui est derrière.

3) Calculer les soldes de chaque compte.

Exercice 3
Cas « Nos Souvenirs »

Mme Garay vient de monter une boutique de souvenirs dans le centre-ville d'Arcachon, appelée « Nos Souvenirs ». L'entreprise va acheter des souvenirs rares provenant de destinations exotiques et les revendra en l'état. Mme Garay fabriquera également sur commande des souvenirs personnalisés. De plus, son nouveau concept (le client peut personnaliser ce qu'il achète sans frais supplémentaires en participant à un atelier de confection) est très prometteur et séduit déjà de nombreux clients potentiels.

L'entreprise a été créée le 01/09/E et elle vous communique un récapitulatif des opérations du mois de septembre :

(On raisonne ici sans TVA).

N° d'opération	Date	Opération	Montant en €
1	01/09/E	Apport en capital de Mme Garay à l'entreprise	40 000
2	01/09/E	Apport en nature d'un local de M. Bonnevieille, séduit par le projet de Mme Garay	50 000
3	03/09/E	Retrait de pièces et de billets à la banque	2 000
4	05/09/E	Acquisition d'un bureau, paiement comptant par virement	1 600
5	08/09/E	Acquisition de 20 caisses de souvenirs divers provenant de brocantes. Chaque caisse est achetée 50 €, paiement à crédit (30 jours) au fournisseur ANTICA	À déterminer
6	10/09/E	Vente du jour (encaissements en pièces et billets)	1 500
7	14/09/E	Paiement partiel au fournisseur ANTICA	400
8	18/09/E	Paiement d'une amende pour non-respect des jours d'ouverture du magasin.	250
9	21/09/E	Achat de fournitures à Casino (grande surface)	660
10	23/09/E	Emprunt auprès de la banque en vue d'un investissement	25 000
11	27/09/E	Achat du terrain qui jouxte le local	40 000
12	28/09/E	Paiement d'agios dus à la banque	150
13	28/09/E	Paiement des salaires mensuels	10 000
14	30/09/E	Ventes du jour (les clients ne paieront que début octobre)	2 000

■■■

■■■

Travail à faire

1) Mme Garay vous demande tout d'abord d'analyser les opérations selon une logique de flux économiques. Pour chaque opération :

- ***a) Donner le sens économique de l'opération en décrivant ce qui se passe en réalité.***
- ***b) Déterminer les comptes comptables que l'on peut associer à l'opération.***
- ***c) Déterminer leur nature (actif, passif, charge ou produit) et en déduire leur fonctionnement en termes de débit/crédit.***
- ***d) Préciser quel(s) compte(s) sont débités, et quel(s) compte(s) sont crédités.***

2) Déterminer pour chaque opération l'impact sur le bilan et le compte de résultat, et en déduire le bilan à la date du 30/09/E.

Exercice 4
Cas Queraly

M. Queraly a créé il y a quelques années son entreprise de bricolage. Il propose à ses clients des articles de bricolage innovants que l'on ne trouve pas en grandes surfaces spécialisées en France.

M. Queraly vous communique un extrait de sa balance à des fins de calculs et d'analyse.

Numéro	Intitulé	Solde initial
101	Capital	SC = 8 000
164	Emprunts	SC = 9 400
2182	Véhicules	SD = 16 900
401	Fournisseurs	SC = 7 800
411	Clients	SD = 1 650
512	Banque	SD = 7 610
607	Achats de marchandises	SD = 1 340
707	Ventes de marchandises	SC = 2 300

M. Queraly vous communique également les informations de la semaine :

- Achats de marchandises pour 480 €, paiement comptant
- Achat d'un véhicule d'occasion pour 1 200 €, paiement comptant
- Un client nous paie ce qu'il nous doit pour 260 €
- Vente de marchandises pour 2 650 €, paiement comptant
- Vente de marchandises pour 790 €, paiement à crédit
- Nous remboursons une partie de notre emprunt pour 1 500 €
- Nous réglons l'un de notre fournisseur pour 900 €.
- Achats de marchandises pour 610 €, paiement à crédit
- Vente de marchandises pour 1 400 €, paiement comptant

■■■

Travail à faire

1) Présenter les comptes décrits dans le tableau, sous la forme de compte en T, avec la mention des soldes initiaux. Calculer le résultat net. Commenter.

2) Inscrire les mouvements débit/crédit des opérations de la semaine dans ces comptes (on n'utilisera pas d'autres comptes que ceux mentionnés).

3) Calculer ensuite les soldes des comptes, en précisant s'ils sont débiteurs ou créditeurs.

4) Calculer le nouveau résultat net. Commenter.

Exercice 5
Cas « Il était une fouée »

Nous créons le 01/10/N une entreprise de vente ambulante, « Il était une fouée », où nous allons arpenter les lieux publics de la région (campus, foires, bords de plage) pour régaler les touristes de nos différents produits (fouées, boissons chaudes, boissons fraîches et desserts maison). On négligera la TVA dans tous les enregistrements.

Voici les premiers actes réalisés lors de la création de l'entreprise le 01/10/N :

- Apport de 7 000 € en numéraire
- Achat d'un camion d'occasion 6 000 € ; paiement comptant pour la moitié
- Achat d'une machine à boissons chaudes (café, thé, chocolat) : 1 000 €, paiement comptant
- Achat d'un réfrigérateur portatif : 600 €, paiement comptant
- Achat d'un four à bois d'occasion aménagé dans le camion : 1 200 € paiement comptant

La première semaine, les opérations sont les suivantes :

- 02/10 : achats d'ingrédients pour faire les fouées et les desserts : 200 €
- 02/10 : achats de boissons fraîches : 110 €
- 02/10 : achats de capsules pour les boissons chaudes : 140 €
- 02/10 : achat de bois pour alimenter le four : 150 €
- 03/10 : ventes de la journée : 45 €
- 04/10 : ventes de la journée : 120 €
- 05/10 : ventes de la journée : 350 €
- 06/10 : achats de bois pour le four : 90 €
- 06/10 : ventes de la journée : 325 €
- 07/10 : ventes de la journée : 170 €

Travail à faire

1) Établir directement le bilan de création à date du 01/10/N. Commenter.

2) Enregistrer les opérations de la 1re semaine d'exploitation.

3) Établir le grand-livre et la balance à date du 07/10/N.

4) Établir le bilan et le compte de résultat à date du 07/10/N. L'entreprise gagne-t-elle de l'argent ? Est-elle bien financée ?

Exercice Progiciel
Cas Inoska

Vous pouvez charger l'exercice Inoska dans le progiciel (https://pgi.u-bordeaux.fr/cs/ cliquer sur Extension → Dossier Démo et sélectionner l'exercice).

L'entreprise Inoska produit et commercialise des articles de ski et de sport de montagne et fournit en particulier les sportifs professionnels et les enseignes de revendeurs. Les données de sa comptabilité ont été entrées dans le progiciel comptable pour l'exercice en cours. L'exercice comptable se termine le 31/12. Nous nous situons à la date du 25/05. On raisonnera sans TVA (sélectionner la TVA à 0 % quand cela est nécessaire).

Quatre opérations ont été omises dans la comptabilité :

- 26/05 : vente au client Gliss'asso de matériel de randonnée (produits finis). Montant : 6 800 €. Paiement comptant à hauteur de la moitié, le reste sera payé fin juin.
- 28/05 : réparation d'un véhicule de livraison pour 2 460 €. Paiement comptant.
- 29/05 : Inoska reçoit le paiement du client Sport2000 par virement n° 415782336. Montant : 4 800 €.
- 30/05 : Achat de fournitures stockables (languettes de chaussures, poignées de bâtons, fixations de skis) pour 2 200 €. La moitié est payée comptant, le reste sera réglé fin juin.

Travail à faire

1) Sortir le bilan et le compte de résultat à la date du 25/05.

2) Entrer en comptabilité dans le progiciel les opérations manquantes.

3) Sortir le grand-livre et la balance des comptes à la date du 30/05.

4) Sortir le bilan et le compte de résultat corrigés à date du 30/05. Commenter en comparant les états financiers à ceux du 1).

Application 1
Cas Baglio

Un hangar quasi vide. Des plaques de placo-plâtre jonchent le sol gris bétonné plein de poussière et de débris divers. J'aperçois M. et Mme Baglio au milieu de ce chantier et les rejoins.

« Bonjour Madame Baglio, bonjour Monsieur. J'ai eu du mal à vous trouver !

– Bonjour Monsieur. Oui, le lieu n'est pas simple à rejoindre… Mais l'emplacement est idéal, à deux pas de la plus grande rue passante de la ville !

– En effet… Dites-moi, il y a encore beaucoup de travaux !

– Certes, oui, mais on commence déjà à imaginer la configuration des lieux ! »

■■■

Les époux Baglio arpentent le lieu :
« Ici, nous mettrons les cuisines… commence M. Baglio. Et ici, nous pourrons installer la réserve, dont l'approvisionnement pourra se faire par l'arrière du magasin. Dans la rue derrière, un camion peut passer.
– La salle pourra être ici, on abattra quelques pans de murs pour rendre la pièce plus lumineuse, ajoute Mme Baglio. Et on a même la place de faire une salle de jeu/sieste pour que les clients puissent se reposer après le repas !
– Très bonne idée ! Apparemment, le projet est très clair. Bien, et si nous parlions à présent de la création de votre entreprise ? »
Je remarque une table et quelques chaises et invite mes clients à s'asseoir pour finaliser les détails.

Voici les informations que les époux Baglio ont pour créer leur entreprise (on raisonne sans TVA) :
- Date de création : 18 avril N.
- Ils apportent leurs économies. Monsieur apporte 55 000 € et Madame 85 000 € le 20 avril N.
- Ils obtiennent un prêt de leur banquier pour 87 000 € le 24 avril N.
- Ils achètent le local de leur restaurant le 25 avril pour 150 000 €.
- Ils aménagent leur local avec de nombreux travaux (montage des cloisons, raccords, second-œuvre, finitions, installation de la cuisine et des autres équipements). Les travaux sont terminés le 18 mai N et ont coûté 54 000 €.
- Ils achètent du matériel le 19 mai pour 7 800 €.

Travail à faire
Établir le bilan à chaque date mentionnée : 18/04/N, 20/04/N, 24/04/N, 25/04/N, 18/05/N et 19/05/N, en précisant pour chaque opération les modifications induites sur le bilan et sans dérouler tout le processus comptable (on ne demande ni le journal, ni le grand-livre, ni la balance). Le bilan de départ sera considéré à date du 19/05/N.

Application 2
Cas Jubéo

L'appartement est meublé avec soin. C'est néanmoins avec une triste mine que M. et Mme Joué m'accueillent dans leur logis.
« Vous avez vu ? Quelle mauvaise nouvelle ! m'asséna Mme Joué dès mon arrivée.
– Cela arrive. Il faudra simplement un peu plus d'argent pour remettre l'entreprise à flot.
– Mais qu'est-il réellement arrivé ? demanda M. Joué.

■■■

– C'est assez simple, le bilan qui vous avait été communiqué était erroné, et une lourde dette avait été omise.
– Et que peut-on faire ? s'inquiéta Mme Joué.
– Refinancer sur vos fonds, il n'y a pas d'autre solution à court terme. »
M. et Mme Joué se regardèrent, comme si le tragique de la situation avait anéanti leur enthousiasme et leur dynamisme. M. Joué brisa le silence.
« Bon, de toutes façons, il sera difficile de reculer. Combien faut-il pour refinancer Jubéo ?
– 240 000 €, lançai-je.
– C'est d'accord, nous allons nous débrouiller pour mobiliser la somme en puisant dans notre épargne. Vous nous…
– Et nos vacances, et notre projet de construction en Bretagne ? coupa Mme Joué.
– Vous nous conseillez quoi pour les modalités pratiques de refinancement ? termina M. Joué.
– D'accord. Écoutez, ce sera peut-être difficile, mais Jubéo a de bons atouts à faire valoir et le secteur du jeu et du loisir créatif est en pleine expansion. Il faut y croire !
– Merci pour votre enthousiasme. On va y arriver, oui ! » conclut M. Joué.

Voici le bilan de Jubéo au 30/09/N au moment où les époux Joué reprennent les rênes de l'entreprise :

Actif		**Passif**	
Actifs immobilisés		*Capitaux propres*	
Constructions	880 000	Capital	290 000
Machines et installations	145 000	Réserves	0
Véhicules	34 000	**Résultat de l'exercice**	**– 45 000**
Matériel de bureau et informatique	18 900		
Actifs circulants		*Dettes*	
Stocks	91 000	Emprunts	720 000
Créances clients	14 800	Dettes fournisseurs	187 000
Banque	17 000	Dettes fiscales et sociales	9 000
Caisse	6 300	Concours bancaires courants	46 000
Total	1 207 000	**Total**	1 207 000

Dans ce bilan a été omise une dette de 200 000 €, dont l'argent a été gaspillé en produits invendables et en travaux non finis qui n'ont plus de valeur. Cette dette omise détériore le résultat.

■■■

Voici les opérations omises :

Nos de compte	05/09/N	Débit	Crédit
512 164	Banque Emprunt *contrat d'emprunt*	200 000	 200 000
	…		

Nos de compte	05/09/N	Débit	Crédit
605 512	Travaux Banque *factures*	85 000	 85 000
	…		

Nos de compte	25/09/N	Débit	Crédit
605 512	Travaux Banque *factures*	112 000	 112 000
	…		

Pour refinancer Jubéo, M. et Mme Joué apportent 240 000 € dans le capital de l'entreprise. De plus, M. Joué a pu voir, en discutant avec les artisans des travaux calamiteux engagés, qu'une partie des matières et matériels achetés peut être revendue (considérée comme des marchandises), ce qui limitera la perte liée à ces travaux. Le montant que Jubéo peut récupérer est chiffré à 19 700 € et l'ensemble peut être payé comptant. Le refinancement et la vente du matériel en surplus sont prévus pour le 10/10/N.

Travail à faire

1) Commenter le bilan de Jubéo sans les opérations omises à la date du 30/09/N, en soulignant le caractère préoccupant de la situation de l'entreprise.

2) Établir le bilan rectifié à la date du 30/09/N, après l'opération omise du 05/09/N et après prise en compte des travaux omis engagés les 15/09 et 25/09. Expliquer les modifications opérées sur le bilan.

3) Passer au journal de l'entreprise l'opération de financement et l'opération de vente à date du 10/10/N.

4) Établir le bilan au 10/10/N et commenter.

CHAPITRE 3
Les opérations courantes : acheter, vendre, facturer, se faire payer

Une salle de restaurant où flottent des senteurs de Provence et d'Italie. Les convives sont attablés dans un cadre chaleureux, le patio laisse passer la lumière du printemps.
Au centre, Mme Baglio donne ses ordres tout en restant à l'écoute des clients qui déjeunent.
« Bonjour Mme Baglio !
– Bonjour ! Bienvenue ! Installez-vous, j'arrive. »
Je prends place à une table à l'ombre. Mme Baglio vient me rejoindre.
« J'avais promis de venir le premier jour pour goûter vos spécialités gastronomiques, mais je n'ai pas pu… Apparemment, votre affaire marche bien !
– Nous n'arrêtons pas ! C'est d'ailleurs pour cela que je vous ai sollicité : je ne m'en sors plus. Les factures, la TVA, les relations avec les fournisseurs, je m'y perds !
– Ne vous inquiétez pas, quand je vous aurai expliqué, cela vous paraîtra facile. On se retrouve comme prévu après le coup de feu pour en parler ?
– D'accord. Que souhaitez-vous commander pour votre déjeuner ? Je vous conseille notre large choix de pizzas napolitaines !
– Çe sera une « Pesto Verde ». Je vous laisse me choisir un petit vin de Toscane.
– C'est parti, conclut Mme Baglio, ce sera prêt dans 3 minutes. À tout à l'heure ! »

1 LA FACTURE SIMPLE

DÉFINITION, OBLIGATIONS LÉGALES ET TYPOLOGIE

Facture (art L441-3 et L441-6 du Code de commerce ; art 289 du CGI) : une facture est un document qui retrace une opération d'achat ou de vente. L'établissement de ce document est obligatoire dans le cadre d'une activité professionnelle.

Obligations légales liées à la délivrance d'une facture :

- La facture doit être délivrée à la réalisation de l'opération d'achat ou de vente.
- Elle est établie en double exemplaire, chaque partie en conserve un.

Mentions obligatoires de la facture :

- Le nom des parties, leur adresse et leurs autres éléments d'identification (numéro de téléphone, numéro SIRET/SIREN par exemple).
- La date de l'opération d'achat ou de vente.
- Les conditions de vente, à savoir la dénomination précise des produits, les quantités, les prix unitaires HT, les réductions de prix éventuelles.
- Les conditions de règlement, à savoir les éventuels escomptes de règlement (voir plus loin), l'échelonnement du paiement, les échéances de paiement, le taux de pénalité exigible en cas de retard ou de non-paiement, les indemnités forfaitaires pour frais de recouvrement.

Progiciel : accéder à un modèle de facture

Chargez le dossier intitulé « Modèle de facture » dans Extension → Dossier Démo.
Cliquez sur Gestion → Liste suivi
Cette partie du progiciel permet de gérer les différents documents en comptabilité au moyen d'« actions ».
Cliquez sur l'action appelée « Modèle de facture », puis descendez dans la partie « Pièces attachées ». Vous trouverez au format PDF et ODS un modèle de facture à télécharger.

En comptabilité, il existe deux types de facture :

- **La facture de DOIT** : c'est la première facture éditée pour une opération d'achat ou de vente. Il n'y a pas de facture antérieure à la facture de DOIT sur cette même opération économique.
- **La facture d'AVOIR** : c'est une facture qui corrige une facture précédemment éditée (en général une facture de DOIT, même si on peut imaginer une suite de factures d'avoir qui se corrigent successivement) sur la même opération.

Progiciel

Des modèles de factures peuvent se trouver dans Gestion → Liste suivi.

LE PROCESSUS DE FACTURATION

Une vente ou un achat se déroule en général comme suit :

- **La commande** : le client et le fournisseur se mettent d'accord sur la transaction. Le document correspondant est un bon de commande (biens) ou un devis (services, travaux).
- **L'édition de la facture** : elle correspond à la réalisation effective de l'opération, soit la livraison d'un bien, soit l'achèvement d'une prestation de services.
- **Le paiement** : c'est le règlement, en une ou plusieurs fois, du client au fournisseur.

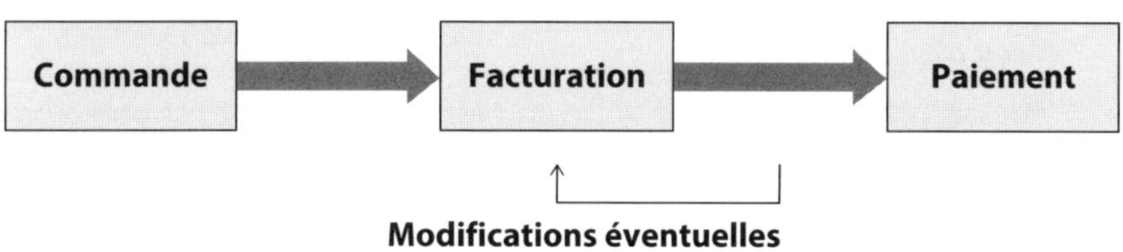

Figure 3.1 – Le processus de facturation

Ce processus peut néanmoins être perturbé par des événements qui surviennent lors de la transaction :

- un retard de paiement de la part du client ;
- un ou des acomptes prévus à la commande ;

- une modification de la prestation avec modification de facture (facture d'avoir) ;
- une forme particulière de facturation. Par exemple, une transaction en ligne permet souvent d'avoir la facture dès la commande, le temps que le service soit mis en place.

Nous verrons certains de ces cas particuliers tout au long de ce chapitre.

LE TRAITEMENT COMPTABLE DE LA FACTURE

La facture figure un achat ou une vente. Il y a quatre cas possibles :

- Cas (a) : un achat des biens et services courants → on va utiliser un compte de charge (6).
- Cas (b) : une vente de biens et services courants → on va utiliser un compte de produit (7).
- Cas (c) : un achat d'immobilisation → on va utiliser un compte d'immobilisation (2).
- Cas (d) : une vente d'immobilisation → ce cas particulier sera traité dans le chapitre 6.

En ayant toujours en tête la trousse à outils pour manipuler les comptes du PCG, nous enregistrons ces différents cas de la façon suivante :

Cas (a) :

- **Le compte 6 est débité**, puisque l'on a un coût en plus.
- La contrepartie de cette charge peut être :
  - soit une sortie de trésorerie si le paiement est comptant : **le compte 512 Banque est crédité**.
  - soit la constitution d'une dette en plus si le paiement est prévu pour plus tard : **le compte 401 Fournisseurs est crédité**.

Cas (b) :

- **Le compte 7 est crédité**, puisque l'on a un enrichissement en plus lié à cette vente.
- La contrepartie de ce produit peut être :
  - soit une entrée de trésorerie si le paiement est comptant : **le compte 512 Banque est débité**.

– soit la constitution d'une créance en plus si le paiement est prévu pour plus tard : **le compte 411 Clients est débité**.

Remarque

Quand on raisonne en matière d'achat et de vente, on ne comptabilise pas, dans l'exercice, le suivi des stocks. Ces derniers s'ajusteront à l'inventaire (*cf.* chapitre 7).

Cas (c) :

- **Le compte 2 est débité**, puisque l'on a une immobilisation en plus.
- La contrepartie de cette immobilisation en plus peut être :
  – soit une sortie de trésorerie si le paiement est comptant : **le compte 512 Banque est crédité**.
  – soit la constitution d'une dette en plus si le paiement est prévu pour plus tard : **le compte 404 Fournisseurs d'immobilisations est crédité**.

Remarque

La contrepartie d'un achat ou d'une vente peut être à la fois la constitution d'une dette ou créance et un paiement.

Cas Baglio
Exemples d'écritures comptables d'achat/vente (sans TVA)

- Famiglia Baglio vend des pizzas (produits finis) pour 1 400 € à un client qui organise une fête, paiement comptant pour la moitié.

N^{os} de compte	date	Débit	Crédit
512	Banque	700	
411	Clients	700	
701	Ventes de produits finis		1 400
	Facture		

Montant reçu : 1 400 / 2 = 700. L'autre moitié sera reçue plus tard, donc on constitue une créance client de 700.

■■■

■■■

- Famiglia Baglio achète des bonbons (marchandises) pour 500 €, paiement comptant pour 20 %.

Nos de compte	date	Débit	Crédit
607 401 512	Achats de marchandises Fournisseurs Banque *Facture*	500	 400 100

Montant payé : 500 × 0,2 = 100 ; montant dû restant enregistré en dette fournisseur : 500 – 100 = 400.

- Famiglia Baglio achète un véhicule pour faire de la livraison de repas à domicile. Montant : 7 900 €, paiement à crédit.

Nos de compte	date	Débit	Crédit
2182 404	Matériel de transport Fournisseurs d'immob. *Facture*	7 900	 7 900

Ces achats et ventes ont été présentés sans TVA à des fins de compréhension. Toutefois, en réalité, quasiment tous les achats et toutes les ventes sont concernés par un impôt spécial, la taxe sur la valeur ajoutée (TVA).

2 | LA TVA : DÉFINITION, CALCULS, ENREGISTREMENTS ET DÉCLARATION

DÉFINITION, TAUX ET ÉLÉMENTS DU PRIX

La TVA est une taxe proportionnelle qui s'applique sur la valeur ajoutée créée par une entreprise, selon une logique de déduction/collecte. Cette taxe est un impôt indirect, qui est payé par les entreprises, mais dont le coût est supporté par le consommateur final.

La TVA a été créée le 10 avril 1954 par un haut fonctionnaire français, Maurice Lauré, et a été adoptée par la plupart des pays dans le monde.[1] Le législateur a fixé plusieurs taux de TVA.

En France, les principaux taux sont les suivants :

- Un taux réduit à 5,5 % pour les biens de première nécessité.
- Un taux intermédiaire à 10 %, pour certaines opérations qui ne peuvent bénéficier du taux réduit, ou des opérations qui bénéficient du fait de ne pas appliquer le taux normal.
- Un taux normal à 20 %, pour la plupart des opérations. Par défaut, c'est ce taux qui s'applique.

Dans le prix payé dans une transaction, il convient de distinguer trois éléments :

- **Le montant hors taxes (HT)** : c'est le montant de l'opération économique proprement dite.
- **Le montant de la TVA** qui va frapper ce prix HT : ce montant est calculé en appliquant le taux de TVA sur le montant HT et cette TVA va revenir à l'État.
- **Le montant toutes taxes comprises (TTC)**, qui est la somme HT + TVA.

Quelques formules utiles :

$$HT + TVA = TTC$$

$$TVA = HT \times taux_{TVA}$$

$$TTC = HT + HT \times taux_{TVA} = HT \times \left(1 + taux_{TVA}\right)$$

$$HT = \frac{TTC}{\left(1 + taux_{TVA}\right)} ; 1 + taux_{TVA} = \frac{TTC}{HT}$$

1. Avant cette date, l'entreprise payait une taxe proportionnelle calculée sur le chiffre d'affaires, sans possibilité de déduction. L'inconvénient de cette taxe sur le chiffre d'affaires est que selon la longueur de la chaîne sectorielle, l'impôt était plus ou moins lourd. La TVA n'a pas cet inconvénient.

EXEMPLES

• Le montant HT est de 1 850 €. Le taux de TVA est le taux normal.
Quel est le montant TTC ?

$$TTC = HT \times (1 + taux_{TVA}) = 1850 \times 1,2 = 2\ 220.$$

• Le montant TTC est de 2 400 €. Quel est le montant HT et la TVA associée ?

$$HT = \frac{TTC}{(1 + taux_{TVA})} = \frac{2\ 400}{1,2} = 2\ 000\ € \ ;\ TVA = 2\ 400 - 2\ 000 = 400.$$

• Le montant HT est de 1 700 €, le montant TTC est de 1 870 €. Quel est le taux de TVA sur l'opération ?

$$\frac{TTC}{HT} = \frac{1\ 870}{1\ 700} = 1,1 \text{ ; soit un taux de 10 \%.}$$

Astuce

Pour calculer rapidement un montant de TVA à partir du HT avec le taux normal, on divise par 10 et on multiplie par 2, ce qui revient à prendre 20 % du montant.

PRINCIPE ET CALCULS : TVA DÉDUCTIBLE ET TVA COLLECTÉE

Comme nous l'avons vu, la TVA est comptablement neutre pour l'entreprise et ne lui coûte rien, puisque c'est le consommateur final, dans le prix TTC qu'il paie, qui l'acquitte réellement. En conséquence, une entreprise qui paie de la TVA n'a normalement pas à en payer, et une entreprise qui reçoit de la TVA n'a normalement pas à en recevoir.

Principe de la TVA

Les entreprises déduisent la TVA sur leurs achats, car elles ont payé un prix TTC dans lequel il y a de la TVA payée que l'État doit rendre à l'entreprise. Cette TVA est appelée **TVA déductible**.

Les entreprises collectent la TVA sur leurs ventes, car elles ont reçu un prix TTC dans lequel il y a de la TVA reçue qui doit être rendue à l'État. Cette TVA est appelée **TVA collectée**.

En bref :

L'entreprise **achète** : elle déduit la TVA sur l'opération, c'est une **créance** sur l'État.
L'entreprise **vend** : elle collecte la TVA sur l'opération, c'est une **dette** vis-à-vis de l'État.

La TVA qui sera reversée à l'État s'appelle la **TVA à payer**. On a logiquement :

TVA à payer = TVA collectée – TVA déductible

EXEMPLE

L'entreprise vend pour 100 000 € HT. Elle achète pour 60 000 € HT. On suppose que les opérations sont soumises au taux normal.

TVA sur ventes : 100 000 × 0,2 = 20 000 €

TVA sur achats : 60 000 × 0,2 = 12 000 €

TVA à payer : 20 000 – 12 000 = 8 000 €

ENREGISTREMENT COMPTABLE

Pour enregistrer la TVA, on va utiliser les comptes suivants :

- **4456 État – TVA déductible** : c'est un compte de **créance**, qui fonctionne donc comme un actif.
- **44571 État – TVA collectée** : c'est un compte de **dette**, qui fonctionne donc comme un passif.

Ainsi :

- Quand on achète, on débite un compte 6 et on débite le compte 4456.
- Quand on vend, on crédite un compte 7 et on crédite le compte 44571.

Remarques

- Pour la TVA déductible, il existe deux sous-comptes : le 4456**6**, qui sera utilisé avec un compte **6** et le 4456**2**, qui sera utilisé avec un compte **2**.
- Le compte de TVA se débite/crédite du même côté que le compte de charge/produit.
- Le compte de charge/produit contient le montant HT, et la contrepartie (compte 512, 401 ou 411) contient le montant TTC.

Cas Baglio

Famiglia Baglio achète de la mozzarella pour ses plats cuisinés. Montant : 260 € HT. TVA à 5,5 %, paiement comptant.

Calculs :

- HT : 260 €
- TVA 5,5 % : 260 × 0,055 = 14,30 €
- TTC : 260 + 14,3 = 274,30 €

■■■

Enregistrement :

N[os] de compte	date	Débit	Crédit
601	Achats de matières premières	260	
44566	TVA déductible	14,3	
512	Banque		274,3
	Facture		

Famiglia Baglio vend pour 1 800 € HT de cannelloni à la sicilienne pour un mariage. Taux de TVA à 10 %. Paiement sous huitaine.

Calculs :

- HT : 1 800 €
- TVA 10 % : 1 800 × 0,1 = 180 €
- TTC : 1 800 + 180 = 1 980 €

Enregistrement :

N[os] de compte	date	Débit	Crédit
411	Clients	1 980	
44571	TVA collectée		180
701	Ventes de produits finis		1 800
	Facture		

Et voilà Mme Baglio ! La TVA n'est pas si compliquée à enregistrer… Vous allez enregistrer les achats et les ventes tout au long de l'exercice comptable comme cela, en faisant état pour chaque opération de la TVA déductible ou de la TVA collectée. Il reste à savoir quoi reverser à l'État chaque mois.

DÉCLARATION DE TVA, PARTICULARITÉS ET RÈGLES FISCALES

La déclaration de TVA

La déclaration de TVA se fait normalement chaque mois[1]. À la fin du mois, l'entreprise va ainsi faire un état de toute la TVA collectée au cours du mois et de toute la TVA déductible constatée ce même mois.

1. Certaines entreprises ne font qu'une déclaration annuelle, et les petites entreprises ne déposent pas de déclaration de TVA et ne l'acquittent pas (les micro-entreprises notamment).

Comptablement, on enregistre les choses suivantes :

- On solde le compte 44571 (au débit, puisqu'il est créditeur) et 4456 (au crédit puisqu'il est débiteur), de sorte à les vider pour les ouvrir vierges pour le nouveau mois qui va commencer.
- Le solde des comptes 4456 et 44571 fait apparaître une TVA à payer, en compte **44551, au crédit**. C'est un compte de dette.

Nos de compte N	Fin de mois	Débit	Crédit
44571 4456 44551	TVA collectée TVA déductible TVA à payer *Déclaration de TVA*	TVAc	 TVAd TVAap

Figure 3.2 – Structure d'écriture de la déclaration de TVA

où :

- TVAc est le montant de TVA collectée dans le mois, mesuré par le solde du compte 44571.
- TVAd est le montant de TVA déductible dans le mois, mesuré par le solde du compte 4456.
- TVAap est le montant de TVA à payer et est égal à **TVAc – TVAd**.

Cette TVA à payer sera payée ultérieurement en soldant ce compte 44551 au débit et en créditant un compte 512 Banque.

Cas Baglio

Famiglia Baglio a un total de TVA collectée pour le mois de mai de 17 400 €. Sa TVA déductible s'élève à 13 500 €. La TVA est déclarée le dernier jour du mois et supposée payée 5 jours après.

Calculs :

TVA à payer = TVAc – TVAd = 17 400 – 13 500 = 3 900 €

Nos de compte	31/05/N	Débit	Crédit
44571 4456 44551	TVA collectée TVA déductible TVA à payer *Déclaration de TVA*	17 400	 13 500 3 900

■■■

Le paiement par virement à l'administration fiscale 5 jours après :

N^{os} de compte	05/06/N	Débit	Crédit
44551 512	TVA à payer Banque *Virement*	3 900	 3 900

« Ça coûte cher la TVA ! s'exclame Mme Baglio.
– Certes, Madame, mais il faut vous rappeler que la TVA n'est pas votre argent et qu'il faut le conserver pour le rendre à son légitime propriétaire, l'État… »

Particularités et règles fiscales

Le cas du crédit de TVA

Si au cours d'un mois, l'entreprise achète plus qu'elle ne vend, il se peut qu'elle déduise davantage de TVA qu'elle n'en collecte. Dans ce cas, elle a **davantage de créance de TVA que de dette de TVA**. On appelle cela un **crédit de TVA**, que l'État doit rendre à l'entreprise.

Ce crédit de TVA s'enregistre dans un compte **44567 Crédit de TVA à reporter**. C'est logiquement un compte de créance, structurellement débiteur.

Toutefois, comme c'est une situation qui est normalement exceptionnelle, l'État attend que l'entreprise demande ce remboursement de TVA. Sous conditions[1], l'entreprise peut obtenir ce remboursement du crédit de TVA le prochain mois ou le prochain trimestre.

Par défaut, le crédit de TVA est reporté sur la déclaration du mois suivant, et vient diminuer la TVA à payer le mois suivant.

1. Les conditions portent sur des montants minimums à rembourser et le régime d'imposition considéré.

Cas Baglio : imputer un crédit de TVA sur une TVA à payer

Lorsqu'ils ont créé leur entreprise, M. et Mme Baglio ont beaucoup investi, donc acheté. Ils avaient ainsi de fortes déductions de TVA à faire valoir.
Pour le mois de juin, la déclaration fait apparaître un crédit de TVA de 6 800 €.
Pour le mois de juillet, la TVA collectée représente 22 900 €, la TVA déductible 15 700 €.

Calculs :

TVA à payer pour juillet sans crédit de TVA : TVAc – TVAd = 22 900 – 15 700 = 7 200 €
Crédit de TVA de juin à imputer sur ce montant : 6 800 €
TVA à payer pour juillet = 7 200 – 6 800 = 400 €

Enregistrement :

Nos de compte	31/07/N	Débit	Crédit
44571	TVA collectée	22 900	
4456	TVA déductible		15 700
44567	Crédit de TVA à reporter (soldé)		6 800
44551	TVA à payer		400
	Déclaration de TVA		

EXEMPLE : CONSTATER UN CRÉDIT DE TVA

L'entreprise Dabijoux a acheté pour 66 000 € au cours du mois d'octobre. Elle a vendu pour 55 000 €. La TVA est au taux normal.

Calculs :

TVA collectée : 55 000 × 0,2 = 11 000 €
TVA déductible : 66 000 × 0,2 = 13 200 €
TVAd > TVAc, donc l'entreprise a un crédit de TVA de 13 200 – 11 000 = 2 200 €.

Enregistrement :

Nos de compte	31/10/N	Débit	Crédit
44571	TVA collectée	11 000	
44567	Crédit de TVA à reporter	2 200	
4456	TVA déductible		13 200
	Déclaration de TVA		

Remarque : il n'y a rien à régler à l'administration fiscale ici.

Lorsque la TVA n'est pas déductible

Par exception fiscale, la TVA n'est parfois pas déductible sur certains achats. Dans ce cas, on n'utilise pas de compte 4456 et on enregistre le prix TTC dans le compte de charge ou le compte d'immobilisation.

EXEMPLE 1

L'entreprise achète un véhicule de tourisme pour 20 000 € HT. Paiement comptant. La TVA n'est pas déductible.

Calculs :
HT : 20 000 €
TVA (20 %) : 20 000 × 0,2 = 4 000 €
TTC : 20 000 + 4 000 = 24 000 €

Enregistrement :

Nos de compte	date	Débit	Crédit
2182 512	Matériel de transport Banque *Facture*	24 000	 24 000

EXEMPLE 2

L'entreprise fait réparer le véhicule de tourisme. Montant : 1 150 € HT. TVA au taux normal, qui n'est pas déductible sur ce type de dépense. Paiement comptant.

Calculs :
HT : 1 150 €
TVA (20 %) : 1 150 × 0,2 = 230 €
TTC : 1 150 + 230 = 1 380 €

Enregistrement :

Nos de compte	date	Débit	Crédit
615 512	Entretien et réparations Banque *Facture*	1 380	 1 380

3 ACCORDER ET RECEVOIR DES RÉDUCTIONS COMMERCIALES ET FINANCIÈRES

La facturation tient également compte des différentes composantes des prix pratiqués entre le fournisseur et son client. En effet, le fournisseur peut vouloir accorder des réductions de prix, soit pour des raisons commerciales, soit pour des raisons financières.

LES RÉDUCTIONS COMMERCIALES

Une réduction commerciale est une baisse de prix pour une raison qui tient à la transaction elle-même.

Il en existe trois sortes :

- **Les rabais** : ce sont des réductions du prix initial compte tenu de la non-conformité à la commande des biens livrés ou de la défaillance d'un produit.
- **Les remises** : ce sont des réductions accordées en fonction de relations privilégiées avec le client, ou de l'importance des quantités facturées, sur des opérations particulières déterminées.
- **Les ristournes** : elles sont souvent accordées de façon habituelle en fin d'année. Critère : la fidélité du client sur un nombre important de transactions.

On les appelle les **RRR** en comptabilité. On exprime ces réductions de prix en pourcentage du montant HT brut. S'il y a plusieurs RRR, on les calcule en cascade. Le montant après prise en compte des RRR s'appelle **le net commercial (NC).**

EXEMPLES

Achat de 800 € HT, rabais de 20 %.

Montant brut : 800 € HT
Rabais 20 % : 800 × 0,2 = 160 €
Net commercial : 800 – 160 = 640 € HT

■■■

■■■

Vente de 1 200 € HT, remise de 5 %, ristourne de 10 %.

Montant brut : 1 200 € HT
Remise 5 % : 1 200 × 0,05 = 60
Net commercial 1 : 1 200 – 60 = 1140
Ristourne 10 % : 1 140 × 0,1 = 114
Net commercial 2 : 1 140 – 114 = 1 026 € HT

Astuce : on peut calculer directement **le net commercial** en multipliant le brut HT par le coefficient correspondant à la RRR.

Ainsi, une RRR de 10 % revient à multiplier le Brut HT par 0,9 ; une RRR de 25 % revient à multiplier le Brut HT par 0,75.

De façon générale, une RRR de X % revient à multiplier le Brut HT par (1 – X %). Cela est utile en cas de RRR en cascade.

EXEMPLE :

VENTE DE 1 200 € HT, REMISE DE 5 %, RISTOURNE DE 10 %.
Net commercial (calcul direct) : 1 200 × (1 – 0,05) × (1 – 0,1) = 1 026

Le processus est le suivant :

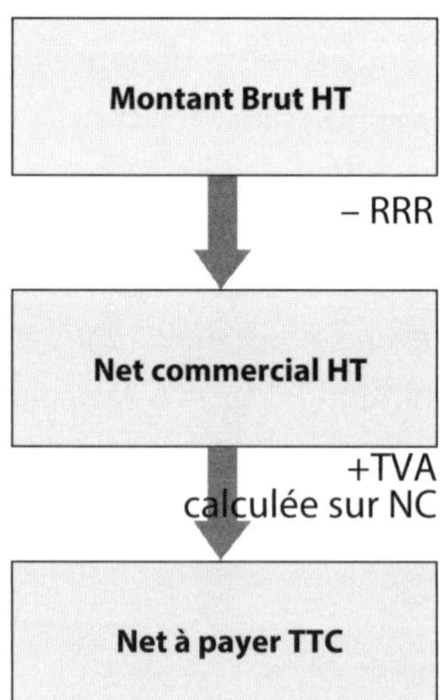

Figure 3.3 – Facturation avec RRR et TVA

L'enregistrement comptable

Comptablement, les réductions commerciales vont venir diminuer la charge HT ou le produit HT de l'opération. On a deux cas selon que l'on considère une facture de doit ou une facture d'avoir.

- Si l'on a une facture de doit, les RRR sont déduits directement sur le compte 6 ou le compte 7 utilisé lors de l'enregistrement.
- Si l'on a une facture d'avoir, les RRR sont enregistrés dans des comptes particuliers, car ils réduisent le prix initial alors que l'on a déjà un enregistrement en comptabilité. Ces comptes sont :

  – le compte **609 RRR obtenus** si on achète ; on le **crédite** ;

  – le compte **709 RRR accordés** si on vend ; on le **débite**.

Important

Ces comptes 609 et 709 sont des comptes **avec un 9 en 3e position dans sa numérotation**. On appelle ces comptes des **comptes de rattachement**. Cette convention indique que ces comptes comptabilisent des éléments « en moins » de leurs comptes d'origine 60 et 70. Ce système de compte de rattachement sera réutilisé par la suite pour d'autres objets comptables.

D — 60 Achat	C
(+)	(–)
1 000	

D — 609 RRR obtenus	C
(–)	(+)
	200

Le compte 60 augmente au débit et diminue au crédit. Le compte 609 fonctionne en miroir. Ici, pour un achat de 1 000 € HT et une RRR de 200 € HT, l'achat réellement pratiqué est de 1 000 – 200 = 800 € HT.

Côté vente, c'est le même principe :

D — 70 Achat	C
(–)	(+)
	2 000

D — 709 RRR accordés	C
(+)	(–)
500	

Le compte 70 augmente au crédit et diminue au débit. Le compte 709 fonctionne en miroir. Ici, pour une vente de 2 000 € HT et une RRR de 500 € HT, la vente réellement pratiquée est de 2 000 – 500 = 1 500 € HT.

Conséquence d'une réduction de prix pour raison commerciale :

- pour une vente :
  – la TVA collectée diminue (**44571 débité**) ;
  – la créance client diminue (**411 crédité**).
- Pour un achat :
  – la TVA déductible diminue (**4456 crédité**) ;
  – la dette fournisseur diminue (**401 débité**).

Cas Baglio

- Famiglia Baglio a une facture de doit d'achat d'électricité. Montant brut 700 € HT. RRR de 8 %. Paiement comptant.

Montant brut : 700 € HT
Remise 8 % : 700 × 0,08 = 56 €
Net commercial : 700 – 56 = 644 €
TVA 20 % : 644 × 0,2 = 128,8 €
TTC : 644 + 128,8 = 772,8 €

Nos de compte	date	Débit	Crédit
6061 44566 512	Achats non stockés TVA déductible Banque *Facture*	644 128,8	 772,8

On remarque ici que le compte de charge 6061 contient le net commercial et que le montant brut n'apparaît pas. On déduit directement les RRR, car on est dans le cas d'une facture de doit.

- Famiglia Baglio achète le 07/04 des champignons de Paris pour 250 € HT. Le 10/04, l'entreprise se rend compte qu'une partie des champignons sont des pleurotes qui ne conviennent pas pour la pizza. Le fournisseur accorde dans une facture d'avoir un rabais de 20 % et Famiglia Baglio conserve les champignons pour un autre usage.

Facture du 07/04 :

- Brut HT : 250 €
- Net commercial : 250 €
- TVA 5,5 % : 250 × 0,055 = 13,75 €
- TTC : 250 + 13,75 = 263,75 €

■■■

Nos de compte	07/04/N	Débit	Crédit
601	Achats de matières premières	250	
44566	TVA déductible	13,75	
512	Banque		263,75
	Facture		

Facture du 10/04 :

- Brut HT : 250 €
- Rabais 20 % : 250 × 0,2 = 50 €
- Net commercial : 250 – 50 = 200 €
- TVA 5,5 % : 200 × 0,055 = 11
- TTC : 200 + 11 = 211 €

Ici, on pourrait annuler l'opération du 07/04 et enregistrer la nouvelle facture. En réalité, on va ajuster l'écriture du 07/04 en enregistrant uniquement le rabais et ses conséquences en termes de TVA et de TTC.

- Rabais : 50 € (c'est le montant de la réduction de prix)
- TVA 5,5 % sur rabais : 50 × 0,055 = 2,75 € (comme le prix diminue, la TVA déductible aussi)
- TTC sur rabais : 50 + 2,75 = 52,75 € (comme le prix diminue, la dette TTC diminue aussi)

D'où l'écriture de la facture d'avoir :

Nos de compte	10/04/N	Débit	Crédit
512	Banque	52,75	
44566	TVA déductible		2,75
609	RRR obtenus		50
	Facture		

Cette écriture signifie que le prix HT diminue de 50 (crédit du 609), donc la TVA déductible est moins élevée et diminue de 2,75. Le fournisseur rembourse l'entreprise à hauteur du TTC, 52,75 €.

- Famiglia Baglio vend un service de traiteur (service et animation) pour un mariage. Montant brut : 1 600 € HT, paiement différé. La facture est envoyée le 18/06. Le 20/06, après le mariage, les clients se sont plaints de la lenteur du service. Pour compenser, Mme Baglio accorde à son client un rabais de 10 %.

Facture du 18/06 :

- Brut HT : 1 600 €
- TVA 20 % : 1 600 × 0,2 = 320 €
- TTC : 1 920 €

■■■

Nos de compte	18/06/N	Débit	Crédit
411 44571 706	Clients TVA collectée Prestations de services *Facture*	1 920	 320 1 600

Facture du 20/06 :

- RRR 10 % : 1 600 × 0,1 = 160 €
- TVA sur RRR : 160 × 0,2 = 32 €
- TTC à corriger : 160 + 32 = 192 €

Nos de compte	20/06/N	Débit	Crédit
7096 44571 411	RRR sur prestations de services TVA collectée Clients *Facture*	160 32	 192

Remarque : si la marchandise est rendue par le client, c'est un cas de retour de marchandise. Dans ce cas, on n'utilise pas les comptes 609 ou 709, mais on corrige directement le compte de charge ou de produit concerné, avec les conséquences sur la TVA et le TTC.

- Famiglia Baglio vend des plats préparés pour un séminaire d'entreprise le 21/07. Montant brut : 1 800 € HT. L'entreprise s'est trompée dans le volume à livrer et doit reprendre le 23/07 600 € HT de produits.

Facture du 21/07 :

- Brut HT : 1 800 €
- TVA 5,5 % : 1 800 × 0,055 = 99 €
- TTC : 1 800 + 99 = 1 899 €

Nos de compte	21/07/N	Débit	Crédit
411 44571 701	Clients TVA collectée Ventes de produits *Facture*	1 899	 99 1 800

Facture d'avoir du 23/07 :

- Brut repris HT : 600 €
- TVA collectée à corriger : 600 × 0,055 = 33 €
- TTC à corriger : 600 + 33 = 633 €

■■■

■■■

Nos de compte	23/07/N	Débit	Crédit
701	Ventes de produits	600	
44571	TVA collectée	33	
411	Clients		633
	Facture		

LES RÉDUCTIONS FINANCIÈRES

On appelle une réduction financière un **escompte de règlement**. Il est exprimé en pourcentage et se calcule à partir du net commercial, donc après prise en compte des RRR. Une fois l'escompte déduit, on obtient le **net financier (NF)**.

Une réduction financière est une réduction de prix accordée en raison d'un paiement anticipé par rapport aux conditions ordinaires de vente. Cette réduction de prix n'a rien à voir avec la transaction commerciale proprement dite.

« Cher fournisseur, si je vous paie tout de suite au lieu de vous payer plus tard, quelle réduction de prix m'accordez-vous ? » illustre ce qu'est un escompte de règlement lorsque l'on achète à un fournisseur. Même chose lorsque l'on vend.

Le processus est le suivant :

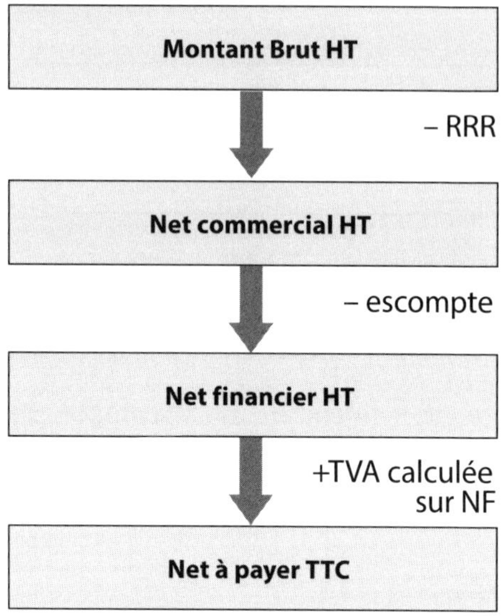

Figure 3.4 – Facturation avec RRR, escompte et TVA

On enregistre cet escompte dans les comptes suivants :

- Pour un achat : compte **765 Escompte obtenus**.
- Pour une vente : compte **665 Escompte accordés**.

Remarque

Pour un achat d'immobilisation, l'escompte s'enregistre directement dans le compte 2. On ne fait donc pas apparaître de compte 665 ou 765. Même chose pour les RRR, elles s'imputent directement dans le compte 2.

Cas Baglio

- Famiglia Baglio achète de petits ustensiles de cuisine. Montant : 950 € HT. Le délai de paiement auprès du fournisseur est habituellement de 8 jours. M. Baglio négocie un escompte de 5 % contre un paiement comptant.
- Montant brut : 950 €
- NC : 950 € (pas de RRR)
- Escompte 5 % : 950 × 0,05 = 47,5 €
- NF : 950 – 47,5 = 902,5 €
- TVA 20 % : 902,5 × 0,2 = 180,5 €
- TTC : 902,5 + 180,5 = 1 083 €

■■■

Nos de compte	date	Débit	Crédit
605 44566 765 512	Achats de matériels TVA déductible Escomptes obtenus Banque *Facture*	950 180,5	 47,5 1 083

Remarque : le NF n'apparaît pas explicitement dans l'écriture. Il est implicite dans les comptes 605 et 765.

- Famiglia Baglio vend des couverts et assiettes devenus inutiles. Montant : 180 € HT. Le client paie comptant, contre un escompte de 2 % qui lui est accordé.
- Montant brut : 180 €
- Escompte 2 % : 180 × 0,02 = 3,60 €
- NF : 180 – 3,6 = 176,40 €
- TVA 20 % : 176,4 × 0,2 = 35,28 €
- TTC : 176,4 + 35,28 = 211,68 €

Nos de compte	date	Débit	Crédit
512 665 44571 703	Banque Escompte accordé TVA collectée Produits résiduels *Facture*	211,68 3,6	 35,28 180

Remarque : un escompte de règlement peut être proposé même en cas de paiement différé, si le délai de paiement se réduit. Exemple : prévoir un règlement à 30 jours et réduire ce délai à 10 jours.

4 | FACTURER ET RECEVOIR DES PRESTATIONS ANNEXES

Les prestations annexes regroupent ce que l'on appelle **les frais accessoires (FA)**.

> **Les frais accessoires** sont des frais annexes liés à une opération principale d'achat ou de vente.

Exemples : frais de transport, frais d'installation, frais de courtage, d'assurance, etc.

Attention

Comme ils sont enregistrés en charges ou en produits, ils sont HT et donc soumis à TVA. De façon générale, les comptes 6 et 7 sont HT, sauf si la TVA est non déductible.

Dans le processus de facturation, les frais accessoires sont considérés après le net financier.

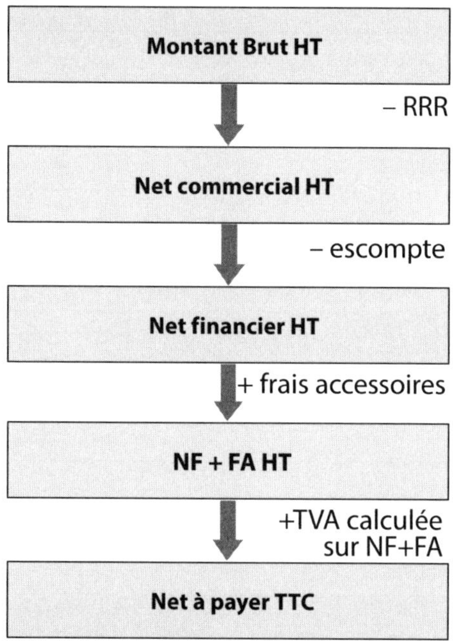

Figure 3.5 – Facturation avec RRR, escompte, frais accessoires et TVA

Pour enregistrer les frais accessoires :

- Pour un achat, on va utiliser un compte de charge spécifique, ou un compte générique **608 Frais accessoires d'achat**.

Exemples de comptes spécifiques : 6241 Transport sur achats, 6226 Honoraires, 6156 Maintenance, etc.

- Pour une vente, on va utiliser un compte **708 Produits des activités annexes**.

Cas Baglio

- Famiglia Baglio se fait livrer des cocottes-minute pour cuire le « minestrone » à la milanaise. Montant : 1 300 € HT. Frais de livraison forfaitaires : 80 € HT. Paiement à 30 jours.
- Montant brut HT : 1 300 €
- Net commercial = net financier = 1 300 €
- FA : 80 €
- NF + FA : 1 300 + 80 = 1 380 €
- TVA 20 % : 1 380 × 0,2 = 276 €
- TTC : 1 380 + 276 = 1 656 €

N^{os} de compte	date	Débit	Crédit
605	Achats de matériel	1 300	
6241	Transport sur achats	80	
44566	TVA déductible	276	
401	Fournisseurs		1 656
	Facture		

- Famiglia Baglio assure un atelier « pizza » pour les enfants lors de la kermesse d'une école. Montant de la prestation : 680 € HT. L'entreprise facture au client des frais de déplacement de 40 € HT.
- Montant brut : 680 €
- Net financier : 680 €
- FA : 40 €
- NF + FA : 680 + 40 = 720 €
- TVA 20 % : 720 × 0,2 = 144 €
- TTC : 720 + 144 = 864 €

N^{os} de compte	date	Débit	Crédit
411	Clients	864	
44571	TVA collectée		144
708	Produits des activités annexes		40
706	Prestations de services		680
	Facture		

Remarque

Quand la prestation principale et la prestation annexe n'ont pas le même taux de TVA, on applique un seul taux sur tout le HT, celui de la prestation principale.

EXEMPLE

Vente de pizzas (TVA à 5,5 %) associée à un service à l'assiette (service, TVA à 20 %). On appliquera un taux de TVA à 5,5 % pour l'ensemble de la vente.

5 RÉGLER SES DETTES, ENCAISSER SES CRÉANCES

Lorsqu'une vente ou un achat à crédit a été enregistré, il fait apparaître une créance ou une dette, qui sera réglée plus tard. Ce règlement peut se produire en une ou plusieurs fois. Le montant réglé est toujours TTC, sauf exceptions qui dépassent le cadre de cet ouvrage[1].

- Un compte de créance est structurellement débiteur.
- Un compte de dette est structurellement créditeur.

Pour enregistrer un règlement, partiel ou total :

- On crédite un compte de créance pour une vente ; on débite un compte de trésorerie.
- On débite un compte de dette pour un achat ; on crédite un compte de trésorerie.

Cas Baglio

Famiglia Baglio doit 1 860 € au fournisseur Dalban, spécialiste de produits alimentaires bio. Cette dette sera payée en deux fois les 14 et 24 mai.
Le client Evens doit à Famiglia Baglio 2 520 € pour des livraisons de repas à des résidents âgés. Le paiement aura lieu le 16 mai.
Les règlements se font par virement bancaire.
Paiements à Dalban : 1 860 / 2 = 930 à chaque échéance.
Écritures :

N^{os} de compte	14/05/N	Débit	Crédit
401 512	Fournisseurs Banque *Virement*	930	 930

■■■

1. On peut en effet avoir des dettes et créances HT dans le cas d'achats/ventes à l'étranger.

Nos de compte	16/05/N	Débit	Crédit
512 411	Banque Clients *Virement*	2 520	 2 520

Nos de compte	24/05/N	Débit	Crédit
401 512	Fournisseurs Banque *Virement*	930	 930

6 COMMANDER, VERSER OU RECEVOIR DES AVANCES

Lors d'une commande, il est d'usage de régler en avance une partie du prix prévu.

> **Les avances ou acomptes sur prix** sont des sommes payées/reçues en avance en contrepartie d'une prestation (biens ou services), souvent à la commande, à la signature du contrat ou lorsque la prestation n'est pas encore achevée.

Le traitement des acomptes est différent selon le type d'opération. Nous verrons les avances sur livraisons de biens et sur achats d'immobilisation. Les avances sur prestations de services ne seront pas abordées dans cet ouvrage[1].

1. Ce cas implique un traitement délicat de la TVA en matière de fait générateur et d'exigibilité de la taxe. Le lecteur pourra trouver ce traitement comptable dans un ouvrage de comptabilité approfondie.

LES AVANCES SUR LIVRAISONS DE BIENS

Le processus compte trois étapes :

- **La commande** : à la commande, un acompte est versé.
- **La facturation** : lorsque la facture est éditée, l'opération économique (l'achat ou la vente) a lieu. Concrètement, les biens sont livrés au client.
- **Le paiement** : à la date ou aux dates prévues, le paiement a lieu.

Comptablement :

Étape 1. L'acompte versé à la commande viendra en déduction de la dette ou de la créance qui sera formée à la facturation. Deux cas :

- Pour un achat, la facturation va former une dette. Donc l'acompte versé par l'entreprise au fournisseur est « de la dette en moins ». On va l'enregistrer dans un compte de rattachement du compte 401, le compte **4091 Avances et acomptes versés sur commandes** (même principe de compte miroir vu précédemment).
- Pour une vente, la facturation va former une créance. Donc l'acompte versé par le client à l'entreprise est « de la créance en moins ». On va l'enregistrer dans un compte de rattachement du compte 411, le compte **4191 Avances et acomptes reçus sur commandes** (même principe de compte miroir vu précédemment).

Étape 2. À la facturation, on va effectivement former la créance ou la dette brute (sans l'acompte). En soldant le compte 4091 ou le compte 4191 à ce moment-là, on va former la dette nette, le reste à payer par le client.

Le processus complet de facturation est le suivant, en cumulant tous les éléments vus dans ce chapitre :

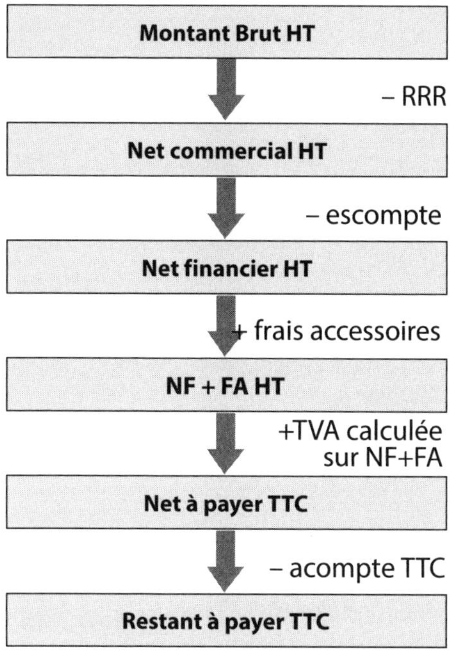

Figure 3.6 – Facturation avec RRR, escompte, frais accessoires, TVA et acompte

Étape 3. Le paiement va solder la dette nette formée lors de la facturation.

Cas Baglio

- Famiglia Baglio commande des couverts à son fournisseur le 07/11. Montant prévu : 900 € HT. Acompte versé : 150 € TTC. La facture arrive le 12/11. Le montant HT est conforme à la prévision. Le règlement est prévu le 15/11.

Le 07/11 :

N^{os} de compte	07/11/N	Débit	Crédit
4091 512	Avances et acomptes versés Banque *bon de commande*	150	 150

Le 12/11 :

- Montant brut HT : 900 €
- TVA 20 % : 900 × 0,2 = 180 €
- TTC : 900 + 180 = 1 080 €

■■■

■■■

- Acompte : 150 €
- Net à payer TTC : 1 080 – 150 = 930 €

N^{os} de compte	12/11/N		Débit	Crédit
60223	Fournitures		900	
44566	TVA déductible		180	
4091		Avances et acomptes versés		150
401		Fournisseurs		930
	Facture			

Le solde du compte 4091 (qui garde en mémoire l'avance versée à la commande) permet de calculer par égalité débit/crédit la dette nette en compte 401.

Le 15/11 :

N^{os} de compte	15/11/N		Débit	Crédit
401	Fournisseurs		930	
512		Banque		930
	Virement			

- Famiglia Baglio vend à un client des plats italiens préparés pour un séminaire d'entreprise. Le 24/09, le client verse à la commande un acompte de 1 200 €. La facture est éditée le 30/09. Montant brut HT : 3 600 €. TVA à 5,5 %. Le paiement a lieu le jour même par chèque.

24/09 :

N^{os} de compte	24/09/N		Débit	Crédit
512	Banque		1 200	
4191		Avances et acomptes reçus		1 200
	contrat			

30/09 :

- Brut HT : 3 600 €
- TVA 5,5 % : 3 600 × 0,055 = 198 €
- TTC : 3 600 + 198 = 3 798 €
- Acompte : 1 200 €
- Net à payer TTC : 3 798 – 1 200 = 2 598 €

■■■

Nos de compte	30/09/N		Débit	Crédit
411 4191 44571 701	Clients Avances et acomptes reçus *Facture*	 TVA collectée Ventes de produits finis	2 598 1 200	 198 3 600

Nos de compte	30/09/N		Débit	Crédit
512 411	Banque *chèque n°*	 Clients	2 598	 2 598

LES AVANCES SUR ACHATS D'IMMOBILISATION

Le processus est le même que précédemment. Seul le compte utilisé change. Pour enregistrer l'acompte, on utilise :

- Pour les immobilisations incorporelles : le compte **237 Avances et acomptes versés sur immobilisations incorporelles**.
- Pour les immobilisations corporelles : le compte **238 Avances et acomptes versés sur immobilisations corporelles.**

Cas Baglio

Famiglia Baglio achète un nouveau four à bois. Le 15/12, l'entreprise verse un acompte de 2 000 €. La facture est éditée le 20/12 et prévoit un montant brut de 7 500 € HT. La TVA est au taux normal. Le paiement aura lieu en deux fois, les 5 et 10 janvier.

15/12 :

Nos de compte	15/12/N		Débit	Crédit
238 512	Avances et acomptes versés *bon de commande*	 Banque	2 000	 2 000

■■■

20/12 :

- TVA : 7 500 × 0,2 = 1 500 €
- TTC (dette brute) : 7 500 + 1 500 = 9 000 €
- Acompte : 2 000 €
- Dette nette TTC : 9 000 – 2 000 = 7 000 €

N^os de compte	20/12/N		Débit	Crédit
2154	Matériel		7 500	
44562	TVA déductible		1 500	
238		Avances et acomptes versés		2 000
404		Fournisseurs d'immob.		7 000
	Facture			

Paiement les 5 et 10 janvier N + 1 :

à chaque échéance, 7 000 / 2 = 3 500 € seront payés.

N^os de compte	05/01/N+1		Débit	Crédit
404	Fournisseurs d'immob.		3 500	
512		Banque		3 500
	Virement			

N^os de compte	10/01/N+1		Débit	Crédit
404	Fournisseurs d'immob.		3 500	
512		Banque		3 500
	Virement			

7 | EXERCICES ET APPLICATIONS

Exercice 1
Cas Modéliz

L'entreprise Modéliz fabrique et commercialise des maquettes en bois, plastique et carton de toutes sortes. Elle compte parmi ses clients à la fois des particuliers (en général collectionneurs) et des professionnels qui veulent des maquettes de produits ou de prototypes. Voici les opérations du mois d'octobre N :

- 04/10 : achat de cartons pour fabriquer des maquettes de quartiers pour la ville de Marmande. Brut HT : 1 950 €, remise de 5 %, ristourne de 2 %. Paiement sous 8 jours.
- 06/10 : vente de maquettes d'avions de la Première guerre mondiale à l'association « Mémoire1418 ». Brut HT : 240 €, escompte de 3 % pour paiement comptant.
- 09/10 : Facture de réparation de l'imprimante 3D auprès du fournisseur Formatik. Brut HT : 650 €. Ristourne de 5 %, escompte de 1 %. Frais de déplacement forfaitaires facturés au client : 50 € HT. Paiement prévu dans 7 jours.
- 11/10 : vente de 8 maquettes publicitaires à la grande enseigne de distribution « Mondial Discount ». Montant facturé par maquette : 700 € HT. Paiement prévu : la moitié comptant, 25 % dans 8 jours, 25 % à la fin du mois.
- 12/10 :
- 15/10 : « Mondial Discount » paie le montant prévu initialement à 8 jours.
- 23/10 : nettoyage des locaux : 600 € TTC. Paiement comptant.
- 24/10 : vente de maquettes à l'exposition « Senteurs d'Histoire ». Montant brut HT : 1 600 €. Remise de 5 %. Un acompte de 500 € avait été payé à la commande le 30/09. Paiement sous huitaine.
- 27/10 : achats de fournitures de bureau en grande surface. Montant brut HT : 150 €. Paiement en espèces.
- 30/10 : achat de pâte à bois. Brut HT : 160 €. Ristourne de 4 %, escompte de 2 %, frais de transport : 20 € HT. Paiement comptant.

Travail à faire

1) Enregistrer au journal de l'entreprise les opérations, en justifiant tous les calculs.

2) Passer l'écriture de déclaration de TVA et son éventuel règlement le 31/10.

Exercice 2
Cas « À la Bricole »

Le magasin « À la Bricole » est tenu par deux frères passionnés de bricolage, Michel et André Morin. Ils vendent à et conseillent les particuliers dans leurs petits travaux de bricolage. L'état de la TVA du magasin pour le mois de juin N est le suivant :

- Total des ventes : 125 000 € HT
- Total des achats de biens : 63 000 € HT
- Total des immobilisations achetées : 85 000 € HT

On suppose que tous ces éléments sont soumis à la TVA au taux de 20 %.

Travail à faire

1) Calculer la TVA collectée et la TVA déductible du mois.

2) Passer l'écriture de déclaration de TVA du mois de juin et l'éventuel règlement de la taxe à date du 30/06.

En avril, les frères Morin vous communiquent le nouvel état de TVA du magasin :

- Total des ventes : 155 000 € HT
- Total des achats de biens : 93 000 € HT
- Total des immobilisations achetées : 15 000 € HT

Travail à faire

1) Calculer la TVA collectée et la TVA déductible du mois de juillet.

2) Passer l'écriture de déclaration de TVA du mois de juillet, en tenant compte éventuellement des informations de la déclaration de TVA de juin, à date du 31/07.

Exercice 3
Cas E-Securit

L'entreprise E-Securit est spécialisée dans la production et la revente de matériels de sécurité pour la maison. On vous confie le soin de suivre les factures, les retours de marchandises et le traitement des factures d'avoir pour la semaine. La TVA est supposée au taux normal.

- 12/10 : le client Dumoulin se plaint d'un problème d'alimentation dans ses boîtiers anti-intrusion. Il réclame 50 % de rabais. E-Securit, après négociation, lui accorde un rabais de 20 %. La facture initiale avait un montant brut de 1 450 € HT. Le client conserve les boîtiers.
- 13/10 : E-Securit renvoie à son fournisseur 50 boîtes en plastique fendues. Ces boîtes avaient été achetées 5 € HT pièce le 01/10. La facture avait été correctement enregistrée.

■■■

■■■

- 13/10 : E-Securit vend pour 2 300 € HT de matériel de domotique qui pilote les fermetures de la maison (portes et fenêtres). Remise accordée sur cette facture : 5 %. Paiement sous huitaine.
- 15/10 : le client Robagec retourne des capteurs de mouvement (marchandises). Le montant retourné est de 300 € HT.
- 17/10 : le client Chyral demande une ristourne de 5 % pour l'achat de marchandises qu'il a effectué le mois dernier. Le montant de cet achat est de 1 750 € HT.
- 18/10 : le nettoyage des machines d'usine, réalisé la semaine passée, n'est pas satisfaisant. E-Securit demande un rabais de 30 % à son fournisseur. Ce dernier accepte et lui envoie la facture d'avoir correspondante. La facture initiale était de 1 900 € HT.

Travail à faire

Enregistrer au journal, en justifiant tous les calculs, les opérations de la semaine.

Exercice 4
Cas Hippos

L'entreprise Hippos produit et commercialise des équipements sportifs dans le domaine hippique. Les opérations du mois d'avril sont les suivantes (TVA supposée au taux normal) :

- 07/04 : vente de casques. Brut : 3 400 € HT, remise de 5 %, escompte de 2 % pour paiement comptant. Frais de transport forfaitaires facturés au client : 50 € HT.
- 09/04 : achat de cuir et de plastiques. Montant HT : 780 €. Ristourne : 10 %. Un acompte de 100 € avait été versé le 29/03 et correctement enregistré au journal à cette date. Paiement prévu le 18/04.
- 12/04 : réception d'un acompte client pour une commande de selles de cheval. Montant : 2 500 €.
- 18/04 : achat de petit outillage. Brut HT : 550 €, ristourne 4 %, escompte 1 %, paiement prévu le lendemain.
- 25/04 : édition de la facture relative à l'acompte du 12/04. Montant HT : 9 000 €, remise 5 %, ristourne : 10 %, frais de livraison et démonstration de montage sur les chevaux : 150 € HT. Paiement prévu le 30/04.
- 27/04 : vente de produits de soins pour chevaux. Brut HT : 750 €. Frais de port : 30 € HT. Un acompte de 150 € avait été versé à la commande le 04/04.
- 29/04 : Hippos règle la facture du 09/04, en adressant ses excuses au fournisseur pour le retard.

Travail à faire

Enregistrer au journal, en justifiant tous les calculs, les opérations d'avril.

Exercice 5
Cas « Au bon bistro »

« Au bon bistro » est une brasserie spécialisée dans la restauration d'entreprise rapide le midi, sise dans une vieille demeure en pierre classée. Son gérant, Monsieur Pressé, vous demande de l'aider dans certaines tâches comptables. On suppose la TVA au taux normal dans chaque cas.

Dossier 1 : le 24/05

Le fournisseur Ferment a livré des lots de fromages moisis. En tout, 7 lots doivent être retournés. Chaque lot avait été payé 27 € TTC. De plus, « Au bon bistro » avait commandé d'autres lots de fromages en versant un acompte de 150 €. Ne voulant plus rien à voir avec ce fournisseur peu sérieux, M. Pressé demande le remboursement de cet acompte et annule la commande.

Dossier 2 : le 27/05

« Au bon bistro » accueille un grand séminaire d'entreprise dans son cadre pittoresque. L'entreprise Bonclair, qui organise le séminaire, avait réservé toute la brasserie en payant un acompte le 15/05 de 500 €. L'ensemble des prestations facturées est :

- 70 repas à 35 € HT par repas, vin compris ;
- service et mise à disponibilité de la salle pour projections et réunions : 3 000 € HT (forfait) ;
- remise de 5 % sur l'ensemble ;
- escompte de 1 % pour paiement comptant.

Dossier 3 : le 30/05

Le total des ventes du mois est de 145 000 € HT. Le total des achats est de 88 000 € HT. Un crédit de TVA de 1 800 € avait été enregistré le mois précédent.

Travail à faire

Pour chaque dossier présenté par M. Pressé, effectuer tous les calculs nécessaires et enregistrer les éléments en comptabilité à la date donnée.

Exercice Progiciel
Cas Castor et Pollux

Les frères jumeaux Castor et Pollux Debailly ont depuis tout petit une passion pour les étoiles. Ils créent le 01/01/N une entreprise de montage et de revente de matériel amateur et professionnel d'observation de l'espace, appelée Opticavoir. Les opérations de création sont les suivantes (TVA au taux normal) :

- Ils ont apporté chacun leurs économies dans l'entreprise. Castor apporte 18 000 €, Pollux apporte 16 000 €.

■■■

■■■

- Ils demandent à leur banquier Profina de les financer à long terme. Ils obtiennent un emprunt de 52 000 €.
- Ils achètent un petit magasin pour 60 000 € HT et l'aménagent pour 5 000 € HT. Les aménagements sont incorporés au magasin (chauffage, parquet). Les travaux sont faits par un professionnel, M. Duchêne. Les frères Debailly obtiennent un délai de paiement pour l'ensemble de 30 jours fin de mois.
- Ils achètent des meubles d'occasion pour 2 000 € HT.
- Ils récupèrent un véhicule utilitaire auprès de leur grand-oncle de 95 ans, ancien artisan. Le grand-oncle veut leur donner le véhicule, mais les frères Debailly préfèrent le lui acheter à un faible prix, pour bien faire les choses. Le montant de la transaction est de 500 € HT, payé comptant.
- Ils achètent des pièces, des matières premières et du petit matériel d'astronomie, ainsi que quelques outils. Matériel : 2 900 € HT ; petit outillage : 1 800 € HT ; matières premières : 1 600 € HT. L'ensemble est payé comptant.

L'activité de l'entreprise commence le 05/01/N. Voici les opérations du mois de janvier N :

- 05/01 : vente de matériels optiques pour 1 700 € HT. Cadeau de bienvenue aux clients : remise de 5 %, paiement sous huit jours. Pièce comptable : fiche de caisse n° 05012019.
- 06/01 : l'entreprise fait réparer la climatisation du magasin. Montant : 1 400 € HT. Frais accessoires de déplacement (forfait) : 30 € HT. Facture n° A9153.
- 08/01 : commande de l'association de chasse pour Opticavoir. 30 lunettes de tir à 350 € HT pièce et 50 lentilles focales à 20 € HT pièce. L'association verse un acompte de 2 000 € pour réserver la commande, par chèque n° 145785.
- 10/01 : les clients règlent leur dette relative à la vente du 05/01 pour un montant de 1 500 €. Le reste sera payé à la fin du mois.
- 15/01 : réception de la marchandise pour l'association de chasse qui a passé commande le 08/01. Opticavoir édite la facture et accorde une remise de 5 %. L'association de chasse paie la moitié du restant dû. Le solde sera réglé le 31/01.
- 24/01 : achat d'un ensemble ordinateur/imprimante/scanner pour comptabiliser le suivi des stocks et prévoir d'héberger un site internet pour de la vente en ligne. Pollux achète également un logiciel d'optique. Montant du matériel : 1 800 € HT. Valeur du logiciel acheté : 600 € HT. Paiement comptant.

Travail à faire

1) Dans le journal OD de l'entreprise, enregistrer les opérations de création et sortir le bilan d'ouverture.

2) Enregistrer sur le logiciel comptable en ligne les opérations du mois au journal en spécifiant bien les références des pièces comptables.

3) Enregistrer la déclaration de TVA au 31/01, et l'éventuel règlement de la taxe.

4) Sortir le grand-livre et la balance. Commenter.

Application 1
Cas Fleuram

M. et Mme Jolie contemplent leur magasin flambant neuf. Ça y est, ils vont pouvoir s'agrandir ! Ils prévoient des ateliers de confection de cadeaux et de décoration murale intérieure à partir de septembre. Fleuram fournit le matériel, les clients confectionnent leur décoration avec les conseils de M. et Mme Jolie et achètent leur création quand elle est terminée.

Voici les opérations « Ateliers » prévues pour le mois de septembre (TVA à 20 %) :

- 07/09 : achats de matières et de fournitures pour les ateliers (papiers de couleur, rubans, adhésif, ciseaux, fleurs artificielles et naturelles). Montant HT : 670 €. Remise de 5 %, escompte de 4 % pour paiement comptant.
- 12/09 : l'école du quartier réserve un atelier pour le 20/09 et verse un acompte de 200 €.
- 16/09 : l'atelier porte sur le thème du développement durable et un grand nombre de personnes y participent. Montant HT vendu : 2 400 € HT. Paiement comptant.
- 20/09 : les enfants de CE1 de l'école du quartier viennent pour l'atelier. 30 créations sont vendues pour un prix unitaire de 30 € HT. Une ristourne unitaire de 2 € HT est octroyée. Le paiement est prévu pour le 28/09.
- 25/09 : Fleuram commande une nouvelle machine à emballer les bouquets. Montant de l'acompte versé : 50 €.
- 29/09 : l'école de quartier paie ce qu'elle doit à Fleuram.
- 30/09 : la facture de la machine à emballer arrive. Montant HT : 340 € HT. Paiement comptant pour 50 %, le solde du paiement étant prévu pour le 05/10.

Travail à faire

1) Enregistrer les opérations liées à cette nouvelle activité « Ateliers ».

2) Calculer la TVA déductible et la TVA collectée liées à cette activité. A-t-on un crédit de TVA ou une TVA à payer ?

Application 2
Cas Jubéo

Suite à l'assainissement de leur bilan, les époux Joué sont motivés pour redresser rapidement la situation.

« Bon, maintenant, il faut regagner la confiance de nos partenaires pour travailler correctement et redresser la situation financière, lance Mme Joué. Pourquoi ne pas organiser très vite un salon du jeu, où nos annonceurs, créateurs de jeux et clients potentiels se retrouveraient ? On fixe un prix d'entrée faible, disons 5 €, et les personnes peuvent jouer et tester toutes les nouveautés !

■■■

■■■

– C'est une bonne idée, dis-je. Non seulement cela vous met le pied à l'étrier, mais cela va aussi rassurer la banque sur votre capacité à rebondir.

– Je m'en occupe dès aujourd'hui, continue M. Joué. Je réserve la salle et j'achète ce qu'il faut ! On devrait pouvoir être prêts pour le 20 novembre. »

Voici les opérations réalisées par Jubéo pour organiser le salon (TVA considérée au taux normal) :

- 02/11 : Jubéo commande auprès de son fournisseur Prestajeux plusieurs boîtes de jeux de société (marchandises). Montant estimé de la future facture : 3 500 € HT. L'entreprise verse un acompte au fournisseur de 10 % de ce montant HT.
- 03/11 : Jubéo réserve le grand stade municipal où se tiendra le salon. Montant de l'acompte versé à la mairie : 2 000 €. La facture sera envoyée après le salon.
- 05/11 : Jubéo vend aux annonceurs Strategoris, Imperium et Logos un espace pour promouvoir leurs jeux, centrés sur la stratégie et les thématiques historiques. Montant HT de la location pour chaque client : 600 € HT, frais d'installation facturés au client : 50 € HT. Paiement prévu sous huitaine.
- 08/11 : la facture de Prestajeux est arrivée. Montant brut : 3 500 € HT, rabais de 5 % pour retard de livraison de certaines boîtes, escompte de 1 % pour paiement partiel comptant. Frais de transport : 50 € HT (forfait). Jubéo règle comptant la moitié du restant dû, le reste sera payé après le salon.
- 09/11 : Jubéo vend les places pour le salon sur le site internet de l'entreprise. Nombre de places vendues : 2 500. Prix unitaire HT : 5 €. Paiement comptant des clients par un système de paiement en ligne.
- 10/11 : 25 personnes annulent leur participation au salon et demandent un remboursement de leur place.
- 12/11 : Les annonceurs paient leur location.
- 14/11 : Jubéo engage 7 animateurs pour le salon auprès de la société Ambianz. Ces animateurs s'occuperont de guider les participants autour des tables de jeu et gèreront la tenue des parties. Les animateurs ne sont pas salariés, mais sont considérés comme des fournisseurs de prestations. Montant HT pour chaque animateur : 150 €. Paiement prévu sous huitaine.

Travail à faire

1) Enregistrer au journal les opérations ci-dessus.

2) Calculer la TVA collectée et la TVA déductible relatives à ces opérations.

3) Sachant qu'un crédit de TVA de 1 400 a été enregistré le mois passé, simuler l'écriture de TVA à enregistrer en supposant que l'on arrête les opérations le 14/11. A-t-on encore un crédit de TVA ? Pourquoi ?

4 CHAPITRE
Les opérations financières : se financer à court et long termes

Un samedi pluvieux d'avril. Le moral de mes clients n'est pas au beau fixe depuis cette terrible nouvelle qui compromet la reprise de Jubéo.

« Il va donc falloir encore un emprunt ?

– Eh oui, Mme Joué, nous n'avons pas le choix. Ceci dit, j'ai regardé plus attentivement les engagements hors bilan de l'entreprise. De nombreux contrats clients vont parvenir à leur terme bientôt. Si vous honorez ces contrats, nous pourrons redresser la barre.

– Que proposez-vous ? demanda M. Joué.

– La semaine prochaine commence le salon du Jeu à Paris et d'autres activités autour du jeu en Europe. En étant partenaires de ces manifestations et en inondant ces événements de vos créations, vous pourrez renflouer Jubéo.

– Admettons, renchérit Mme Joué. Mais il faut assurer la production en un temps record, et même si nous y arrivons, le paiement de ces contrats ne sera effectif que dans des mois. Nous ne tiendrons jamais jusque-là !

– C'est possible, répondis-je. Mais nous pouvons voir les choses autrement. Les surinvestissements de vos prédécesseurs vont permettre d'être, je pense, prêts à produire vite et bien. Si les paiements tardent, il y a des possibilités de tenir grâce à votre banquier, et dans une moindre mesure grâce aux pouvoirs publics.

– Comment ? demandèrent en chœur M. et Mme Joué.

– Je vais vous expliquer… »

1 SE FINANCER À COURT TERME : DÉCOUVERTS, EFFETS DE COMMERCE ET AFFACTURAGE

LES CONCOURS BANCAIRES COURANTS

Définition et calcul

Les concours bancaires courants (CBC) sont des crédits à très court terme octroyés par une banque. Deux formes sont possibles :
- **L'autorisation de découvert** : l'entreprise est autorisée à dépenser davantage que ses avoirs monétaires en banque.
- **La facilité de caisse** : la banque met à disposition de l'entreprise des espèces.

Ce moyen de financement est similaire au découvert bancaire octroyé à un particulier.

Cas Jubéo

L'un des comptes bancaires de Jubéo indique un solde de + 18 000 €. L'entreprise a besoin de 25 000 € immédiatement pour régler les salaires. Jubéo va donc demander une autorisation de découvert à sa banque de 7 000 €. Le nouveau solde sera de + 18 000 – 25 000 = – 7 000 €. Ces 7 000 € devront être remboursés rapidement.

Avantage des CBC : cette forme de financement est rapide, un simple contact avec la banque peut débloquer les fonds.

Inconvénient des CBC : ce mode de financement est très onéreux.

Il faut considérer deux types de coûts pour cette opération :

- Les CBC sont soumis à **des frais bancaires** (soumis à TVA, car c'est du service). Parfois, ce coût est double : l'entreprise paie l'autorisation d'être à découvert et le dépassement éventuel du plafond du découvert.
- Ce mode de financement est un crédit à très court terme pour lequel il faut payer des **agios** (exonérés de TVA, car ce sont des charges financières).

Ce sont des intérêts payés en fonction du temps du découvert. La banque avance l'argent à l'entreprise sur une certaine durée, et c'est cette durée qui est rémunérée par les agios. Les agios sont calculés sur la base d'un taux annuel, au *prorata* du nombre de jours de découvert.

Cas Jubéo

Dans le cas précédent, Jubéo reste à découvert de 7 000 € pour 8 jours. Le taux d'agios annuel pratiqué est de 15 %. Les frais bancaires sont de 1 % du montant du découvert (TVA à 20 %).

Coût du découvert pour Jubéo :

- Agios : 7 000 × 0,15 × 8 / 360 = 23,33 € (le *prorata temporis* est de 8 jours sur 360)
- Frais bancaires HT : 7 000 × 0,01 = 70 €
- TVA déductible sur frais bancaires : 70 × 0,2 = 14 €
- Total du coût : 23,33 + 70 = 93,33 €

Enregistrement comptable

Le découvert bancaire s'enregistre au crédit du compte 512.

Précision sur le compte 512 et l'extrait bancaire envoyé par la banque

Le compte banque est un compte d'actif. Il augmente par le débit et diminue par le crédit. Or, quand on considère l'extrait bancaire, c'est le contraire : les sorties de trésorerie s'inscrivent au débit, les entrées au crédit.

Pourquoi ? Tout simplement parce que l'extrait bancaire est édité du point de vue de la banque. Ainsi, une sortie de fonds pour l'entreprise est un débit (+) pour la banque (qui transmettra l'argent au tiers concerné), une entrée de fonds pour l'entreprise est un crédit (–) pour la banque (elle donne l'argent d'un tiers à l'entreprise).

Cas Jubéo

Jubéo reçoit un virement de 1 200 € TTC de son client Alpha.

D 512 Banque	C
(+) 1 200	(–)

Compte 512 de Jubéo

D Extrait bancaire	C
(–)	(+) 1 200

Extrait bancaire de Jubéo

D 512 Banque	C
(+)	(–) 1 200

Compte 512 d'Alpha

D Extrait bancaire	C
(–) 1 200	(+)

Extrait bancaire d'Alpha

Le compte 512 et l'extrait bancaire ont donc normalement des soldes égaux mais opposés.

Exemple de recours aux CBC

Jubéo utilise son découvert de – 7 000 € pour payer les salaires le 31/03. On suppose le paiement d'un client 8 jours après pour 9 000 €, ce qui rembourse le découvert.
Le solde bancaire est de + 18 000 € au 31/03/N. On suppose que les frais liés aux CBC sont prélevés en fin de mois.

Versement des salaires :

N^{os} de compte	31/03/N	Débit	Crédit
641 512	Salaires Banque *Livre de paie*	25 000	 25 000

Ici, le solde du compte 512 devient créditeur de 7 000 (+ 18 000 – 25 000 = – 7 000).

Réception du paiement d'un client :

N^{os} de compte	08/04/N	Débit	Crédit
512 411	Banque Clients *Virement*	9 000	 9 000

Ici, le solde bancaire revient à + 2 000 (– 7 000 + 9 000).

■■■

Prélèvement des frais liés au découvert :

Nos de compte	30/04/N	Débit	Crédit
627	Frais bancaires	70	
44566	TVA déductible	14	
661	Charges d'intérêt	23,33	
512	Banque		107,33
	Extrait bancaire		

Remarque

Si à la fin de l'exercice, le compte 512 Banque est créditeur, il faut solder ce compte et transférer son solde vers un compte **519 Concours bancaires courants**.

EXEMPLE

D 512 Banque	C
800	2 000
1 000	
200	

512 créditeur de 200, donc →

D 519 CBC	C
	200

Nos de compte	31/12/N	Débit	Crédit
512	Banque (soldé)	200	
519	CBC		200
	Livre d'inventaire		

Notons que le compte 519 CBC est un compte de classe 5, mais avec un 9 en 3e position. C'est donc un compte de rattachement du 512 qui fonctionne en miroir, donc comme un passif.

LES EFFETS DE COMMERCE

Une autre façon pour l'entreprise de se financer est d'améliorer l'encaissement de ses créances clients. Dans le monde des affaires, il est courant de ne pas payer comptant, mais récupérer les paiements dus est parfois difficile. Les effets de commerce permettent de faciliter le paiement des créances.

Définition et processus

> Un **effet de commerce** est un support qui matérialise une créance mobilisable, c'est-à-dire une créance qui pourra être traitée par un tiers (une banque).

L'effet de commerce peut prendre deux formes :

- **La lettre de change relevé (LCR)** : elle donne l'ordre au débiteur (appelé tiré) de payer la somme indiquée à une échéance déterminée à un bénéficiaire (en général le tireur).
- **Le billet à ordre (BO)** : effet de commerce par lequel le souscripteur reconnaît devoir une certaine somme à une certaine échéance à l'ordre de son créancier.

Sur ces documents, on précise l'identité des parties (le fournisseur et le client), le montant dû par le client et l'échéance à laquelle le montant doit être payé.

Le processus dans le temps est le suivant :

- L'entreprise possède une créance ordinaire sur un client. Cette créance provient d'une vente antérieure pour laquelle une créance a été formée et une date de paiement a été définie. Le document qui atteste de la créance ordinaire est une facture.
- L'entreprise peut vouloir mobiliser cette créance sous la forme d'un effet de commerce pour la faire traiter par une banque. Pour cela, elle rédige une LCR ou un BO.
- L'entreprise utilise l'effet de commerce pour se financer. Il existe trois façons de le faire :
  - **l'endossement au profit d'un tiers** : la LCR/BO sert à payer une dette de l'entreprise sans trésorerie ;
  - **la remise à l'encaissement** à la banque : la LCR/BO est confiée à la banque pour que cette dernière la présente à l'échéance au client pour paiement ;
  - **la remise à l'escompte** à la banque : l'entreprise « cède » la LCR/BO à la banque et reçoit immédiatement l'argent.

Nous verrons en détail le cas le plus courant, la remise à l'escompte[1].

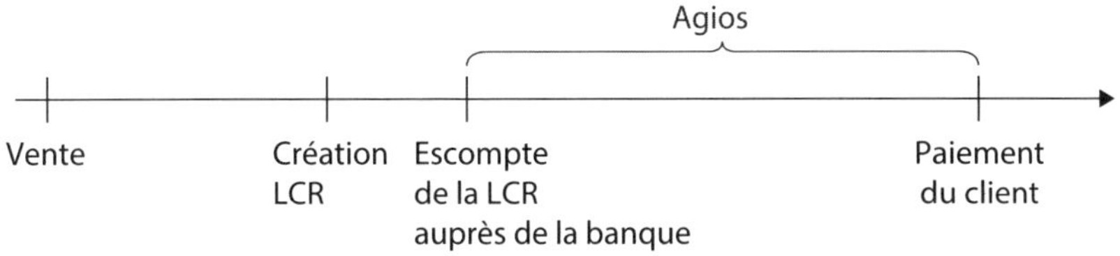

Figure 4.1 – La remise à l'escompte d'une LCR

Ainsi, au lieu d'attendre le paiement du client, l'entreprise reçoit l'argent dès l'escompte de la LCR. Cela lui permet de faire entrer de la trésorerie en avance par rapport à ce qui était prévu avec le client.

Remarques

- L'escompte d'une LCR auprès d'une banque va entraîner des **frais bancaires** soumis à TVA (en compte **6275 Frais sur effets**) et des agios non soumis à TVA (en compte **6616 Intérêts bancaires sur opérations de financement**).
- L'escompte ne permet pas de transférer de mauvaises créances à la banque. Si le client ne paie pas à l'échéance, la créance revient impayée à l'entreprise et la banque récupère le montant avancé.

Enregistrement comptable

Comptes utilisés :

- **À la vente** : on enregistre une vente classique :
  - débit du compte 411 Clients ;
  - crédit du compte 44571 TVA collectée ;
  - crédit du compte 70 Ventes.
- **À la création de la LCR** :
  - débit du compte **413 Clients – Effets à recevoir** ;
  - crédit du compte 411 Clients.

Ici, le compte 411 est soldé pour ce client, et son contenu TTC est transféré dans un compte particulier, pour bien montrer que la créance est devenue mobilisable du fait de la rédaction de la lettre de change.

1. Les autres moyens peuvent être vus dans un livre de comptabilité approfondie. En pratique, au lieu de l'escompte d'effet, les entreprises utilisent plutôt un moyen proche, la cession de créances « Loi Dailly ».

- **Au moment de l'escompte** :
  – on transfère le montant TTC du compte 413 dans un compte **5114 Effets remis à l'escompte** : le 413 est crédité, le 5114 est débité ;
  – on enregistre l'escompte lui-même :
    ▶ débit du 512 Banque
    ▶ débit du **6275 Frais sur effets**
    ▶ débit du 44566 TVA déductible
    ▶ débit du **6616 Intérêts bancaires sur opérations de financement**
    ▶ crédit du 5114 Effets remis à l'escompte

Cas Jubéo

Le 07/05, Jubéo vend 30 000 boîtes de son nouveau jeu « Pirates des Andes » à un distributeur célèbre de jeux de société. Prix unitaire HT : 25 €.
Le paiement est prévu le 01/09.

Calcul de la créance TTC :
HT : 30 000 × 25 = 750 000 €
TVA (20 %) : 750 000 × 0,2 = 150 000 €
TTC : 750 000 + 150 000 = 900 000 €

Conditions de l'escompte de la LCR auprès de la banque :
- Date de l'escompte : 15/06
- Taux annuel : 12 %
- Frais : 1 % du HT

Calcul des frais liés à l'escompte :
Frais bancaires : 750 000 × 0,01 = 7 500 €
TVA sur frais (20 %) : 7 500 × 0,2 = 1 500 €
Agios : 900 000 × 0,12 × (16 + 30 + 30) / 360 = 22 800 € ; les agios courent du 15/06 au 01/09, soit 76 jours sur 360.
Restant à recevoir pour l'entreprise : 900 000 – 7 500 – 1 500 – 22 800 = 868 200 €

Enregistrements comptables :

La vente :

Nos de compte	07/05/N	Débit	Crédit
4411	Clients	900 000	
44571	TVA collectée		150 000
70	Ventes		750 000
	Facture		

■■■

La rédaction de la lettre de change et l'escompte :

Nos de compte	15/06/N	Débit	Crédit
413	Clients – Effets à recevoir	900 000	
411	Clients		900 000
	LCR		

Nos de compte	15/06/N	Débit	Crédit
5114	Effets remis à l'escompte	900 000	
413	Clients – Effets à recevoir		900 000
	LCR/bordereau		

Nos de compte	15/06/N	Débit	Crédit
512	Banque	868 200	
6275	Frais sur effets	7 500	
44566	TVA déductible	1 500	
6616	Intérêts bancaires sur opérations de financement	22 800	
5114	Effets remis à l'escompte		900 000
	LCR/bordereau		

« Plus de 800 000 € qui entrent d'un coup, et bien avant l'échéance lointaine du 1er septembre, cela va nous faire du bien ! », conclut Mme Joué.

L'affacturage

Une autre façon de transformer ses créances en avoirs monétaires est de les vendre à une société d'affacturage. Ce type de société est spécialisé dans le recouvrement de créances.

Le principe est le même que l'escompte, avec des frais (rémunérations d'affacturage) et des agios.

Les comptes utilisés vont changer :

- Le transfert de la créance se fait en créditant le compte **411 Clients** et en débitant le compte **467 Autres débiteurs et créditeurs divers**.

- La vente de la créance :
  – débit du compte **512 Banque** ;
  – débit du compte **6225 Rémunération d'affacturage** ;
  – débit du compte **44566 TVA déductible** ;
  – débit du compte **668 Autres charges financières** ;
  – crédit du compte **467 Autres débiteurs et créditeurs divers**.

Remarque

L'affacturage permet de céder réellement la créance. Si le client fait défaut, l'entreprise ne supporte plus le risque d'impayé. En conséquence, ce mode de financement est plus cher que l'escompte.

Cas Jubéo

Jubéo traîne depuis 6 mois une créance du client Payepa (une association qui a acheté l'an dernier de grandes quantités de matériel et fournitures de décoration) qu'elle a du mal à faire honorer. Le montant TTC de la créance est 100 800 €.
Jubéo décide de faire appel à la société d'affacturage Payevite pour récupérer une partie de la somme due.

Conditions d'affacturage :

- Date de cession de la créance : 18/07
- Paiement prévu par le client : 1/10
- Rémunération d'affacturage : 12 % du HT
- Agios : 15 %

Calcul du coût de l'affacturage :

- Créance HT : $\frac{100\,800}{(1+0,2)} = 84\,000$
- Rémunération d'affacturage HT : 84 000 × 0,12 = 10 080 €
- TVA déductible : 10 080 × 0,2 = 2 016 €
- Agios : 100 800 × 0,15 × (13 + 30 + 30) / 360 = 3 066 €
- Restant à recevoir pour Jubéo : 100 800 – 10 080 – 2 016 – 3 066 = 85 638 €

Écritures :

Nos de compte	18/07/N	Débit	Crédit
467	Autres débiteurs et créditeurs divers	100 800	
411	Clients		100 800
	Contrat d'affacturage		

■■■

N^os de compte	15/06/N	Débit	Crédit
512	Banque	85 638	
6225	Rémunérations d'affacturage	10 080	
44566	TVA déductible	2 016	
467	Autres charges financières	3 066	
5114	Autres débiteurs et créditeurs		100 800
	Contrat d'affacturage		

« Nous perdons un peu d'argent, mais au moins il rentre ! » conclut M. Joué. Et nous n'aurons plus à relancer ces mauvais payeurs de Payepa ! »

2 SUIVRE SA TRÉSORERIE À COURT TERME : RAPPROCHEMENT ET LETTRAGE DES COMPTES

LE RAPPROCHEMENT BANCAIRE

Nous l'avons vu, le compte comptable « 512 Banque » et les comptes bancaires de l'entreprise fonctionnent de façon opposée et ont le même solde, puisqu'ils enregistrent la même information. Mais en pratique, le compte 512 et l'extrait bancaire ne sont pas toujours en phase ! Il peut y avoir des décalages de date, des erreurs, des omissions, qui font qu'au final, nous avons des soldes différents.

Exemples de dysfonctionnements possibles :

- (a) Un chèque client de 3 000 € a été enregistré comme encaissé en comptabilité (débit du compte 512), mais il n'a pas été remis à la banque pour encaissement (donc il n'y a rien sur l'extrait bancaire).
- (b) Un virement de 500 € a été réalisé pour payer une facture, mais le comptable a enregistré un paiement de 50 €.
- (c) La banque fait apparaître des agios de 40 € sur l'extrait bancaire, rien n'a été enregistré dans le compte 512.

Dans les cas (a), (b) et (c), il faut bien comprendre ce qui s'est passé et les graves conséquences que ces dysfonctionnements peuvent engendrer :

- Dans le cas (a), l'entreprise a enregistré en comptabilité le fait que l'argent du chèque (3 000 €) est sur le compte bancaire, et qu'il peut donc être dépensé. Or, ce n'est pas le cas, puisque le chèque n'a toujours pas été traité, même s'il a été reçu du client ! On risque donc de dépenser 3 000 €, alors qu'on ne les a pas…
- Dans le cas (b), l'erreur du comptable sous-estime les coûts et majore à tort le résultat net.
- Dans le cas (c), il faut savoir pourquoi on n'a aucune trace de cette sortie d'argent de 40 €. Est-ce un oubli du comptable ? Est-ce une facturation indue de la banque ?

Le rapprochement bancaire consiste à vérifier si les enregistrements en comptabilité correspondent aux montants figurant sur les relevés bancaires. On évite ainsi les dysfonctionnements vus précédemment.

Démarche du rapprochement bancaire :

- Rapprocher les soldes de début de période du compte 512 Banque d'une part et du relevé bancaire d'autre part.
  Ces deux soldes doivent être égaux et de sens opposés. S'ils sont égaux et de sens opposé, rien à faire.
  Si l'on constate une différence, en chercher la raison : cela peut provenir de sommes comptabilisées avant le mois considéré, mais qui n'ont été débitées ou créditées sur le relevé bancaire qu'au début du mois considéré.
- Observer les soldes finaux du compte 512 et du relevé bancaire.
  S'ils sont égaux, pas besoin de rapprochement.
  Si on constate une différence, inscrire côté 512 Banque les montants non comptabilisés sur le relevé bancaire ; inscrire côté relevé bancaire les montants non comptabilisés dans le compte 512 Banque.

Si des opérations ont été inscrites du côté 512 Banque, il faut régulariser en comptabilité par une écriture de régularisation en fin de mois. Si des erreurs ou omissions sont constatées sur l'extrait bancaire, il faut contacter la banque et faire corriger le relevé.

Reprenons les cas (a), (b) et (c).

- Cas (a) : l'erreur est côté comptabilité. Lorsque le chèque est reçu du client, il ne faut pas utiliser le compte 512. On utilise un compte 5112 Chèques à encaisser à la place, pour bien montrer que l'argent n'est toujours pas sur le compte bancaire. Ce n'est que lorsque le chèque a été traité, donc lorsque le crédit « +3000 » apparaît sur l'extrait bancaire, que l'on peut débiter le compte 512 Banque.
- Cas (b) : l'erreur est aussi du côté comptabilité. Il manque un zéro à l'écriture qui a comptabilisé une charge de 50 € (au lieu de 500 €). On enregistre donc au journal une écriture de correction (une charge supplémentaire de 450 €).
- Cas (c) : supposons que le comptable n'ait pas fait d'omission. Dans ce cas, il faut contacter la banque pour avoir une explication, et éventuellement faire annuler ces agios indus !

Progiciel

Charger le dossier « Extrait bancaire » dans Extension → Dossier Démo
Aller chercher l'extrait bancaire dans Gestion → Suivi
Aller dans Comptabilité → Trésorerie → Soldes pour voir les mouvements et le solde du compte 512 Banque.
Opérer l'état de rapprochement entre l'extrait et ce qui est enregistré en comptabilité.

LE LETTRAGE DES COMPTES

Le lettrage consiste à rapprocher des montants entre comptes de tiers (souvent 401 et 411).

- **Principe** : affecter une lettre à un montant, et lui trouver sa contrepartie en y affectant la même lettre.
- **Intérêt** : identifier les factures fournisseurs qui restent à payer et les factures clients en attente d'encaissement. On peut également suivre les autres comptes de tiers (État, associés, salariés, etc.).

Progiciel

Enregistrer une vente de 3 000 € HT et son paiement partiel en 3 fois.
Aller dans Comptabilité → Lettrage pour constater le lettrage automatique du compte 411 Clients.

3 | SE FINANCER À LONG TERME : EMPRUNTER, RECEVOIR DES SUBVENTIONS

Pour se financer à plus long terme (au-delà de l'exercice comptable), l'entreprise a plusieurs possibilités :

- augmenter son capital en émettant des actions ;
- émettre des titres obligataires ;
- souscrire un emprunt auprès d'une banque ;
- acheter/vendre des titres financiers ;
- recevoir des subventions.

L'augmentation de capital, l'émission d'obligations et les titres ne seront pas abordés dans cet ouvrage.

LES EMPRUNTS AUPRÈS D'UNE BANQUE

Analyse et calculs

Avertissement

Cette section introduit quelques éléments de finance. Le lecteur peut vouloir aller directement au cas Jubéo ci-après pour s'affranchir d'un formalisme mathématique de l'explication des emprunts.

Un emprunt est une dette à long terme contractée auprès d'une banque ou d'un établissement assimilé.

EXEMPLE

• À la signature du contrat :

• À chaque échéance, jusqu'à la fin de la durée de l'emprunt :

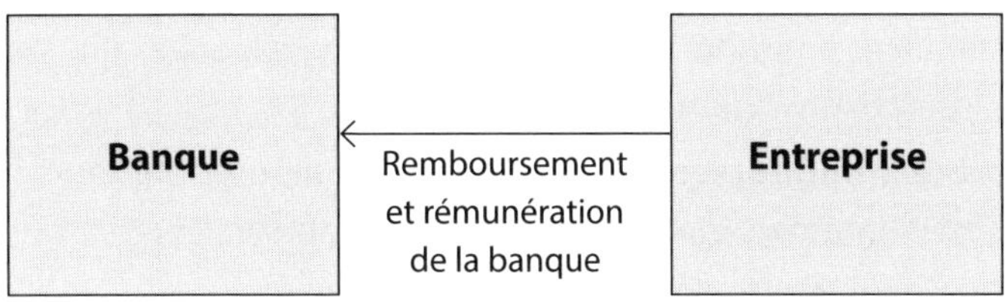

Figure 4.2 – Principe d'un crédit bancaire

Caractéristiques d'un emprunt et notations :

- **La maturité de l'emprunt** : c'est la durée de l'emprunt, la durée sur laquelle il sera remboursé. Elle est notée **n**.
- **Le taux de l'emprunt** : exprimé en pourcentage par an, c'est la rémunération de la banque pour mettre à disposition le capital prêté à l'emprunteur sur une certaine durée. Le taux peut être fixe ou variable[1]. Le taux est noté **i**.
- **Le principal** : c'est le montant emprunté initialement, qui sera remboursé selon des modalités particulières sur la durée n. Il est noté **E**.
- **Le remboursement** : c'est la partie du principal qui est remboursée à une certaine date t. Il est noté $\mathbf{R_t}$. Le remboursement de l'emprunt est aussi appelé **amortissement** de l'emprunt.

1. Un taux variable est indexé sur un taux d'intérêt de référence, pris sur les marchés financiers. Par simplification, nous ne traiterons que le cas du taux fixe.

- **Le montant d'intérêt payé** à la banque : c'est le montant de la rémunération de la banque à une date t. Il est noté $\mathbf{M_t}$. Les intérêts sont calculés sur le restant à rembourser.
- **L'annuité** : c'est le montant total payé à la banque à la date t. Elle est notée $\mathbf{A_t}$. Dans l'annuité en t, il y a deux choses :
  – le montant d'intérêt payé à la banque en t ;
  – le remboursement en t.

On a donc les formules suivantes :

$$A_t = R_t + M_t$$

$$M_t = i \times \left(E - \sum_{k=1}^{t-1} R_k \right)$$

Forme de remboursement de l'emprunt : il existe plusieurs formes d'emprunt, c'est-à-dire plusieurs façons de le rembourser :

- l'emprunt *in fine* ;
- l'emprunt par amortissements constants ;
- l'emprunt par amortissement différé ;
- l'emprunt par annuités constantes.

Pour connaître toutes les caractéristiques du remboursement d'un emprunt, on présente le tableau de remboursement de l'emprunt comme suit, en cinq colonnes :

Périodes	Capital restant dû	Montant d'intérêt	Remboursement	Annuité
1				
2				
...				

On a ainsi, à chaque période, le restant à rembourser, le montant de la rémunération de la banque, ce que l'entreprise lui a remboursé dans la période et le montant total versé à la banque.

Nous verrons uniquement l'emprunt par annuités constantes dans le cadre de cet ouvrage.

L'emprunt par annuités constantes est amorti de sorte que le débiteur paie toujours la même somme à chaque période. C'est la forme d'emprunt la plus courante en pratique, car les caractéristiques de l'emprunt sont simples et visibles.

Méthode

- Calculer l'annuité constante qui sera payée à chaque échéance.

Formule de l'annuité constante[1] : $A_t = A = \dfrac{E \times i}{1 - (1+i)^{-n}}$

- Calculer le montant d'intérêt dû pour la période, sur la base du capital restant dû $E - \sum_{k=1}^{t-1} R_k$. On a $M_t = i \times \left(E - \sum_{k=1}^{t-1} R_k\right)$.
- Calculer par différence le montant remboursé sur la période. On a : $R_t = A - M_t$
- Déterminer le capital restant dû au début de la période suivante. Pour cela, on enlève le remboursement de la période au capital restant dû précédent.
- Remplir la ligne suivante, jusqu'à la fin du tableau d'amortissement de l'emprunt.

Une fois le tableau terminé, on peut sommer les montants dans la colonne « Montant d'intérêt » pour avoir une idée du coût de l'emprunt.

$$\text{coût de l'emprunt} = \sum_{t=1}^{n} M_t$$

Remarque

À ce coût de l'emprunt peuvent s'ajouter des coûts liés à l'assurance et à d'autres frais lors de la souscription.

Cas Jubéo

Jubéo veut emprunter 150 000 €. Elle a deux propositions de banques concurrentes :

- Banque Amofin : emprunt par annuités constantes sur 5 ans à un taux de 4 %.
- Banque Bmofin : emprunt par annuités constantes sur 8 ans à un taux de 2,7 %.

Quel est l'emprunt le plus intéressant ?

« Le second emprunt semble préférable, car le taux est plus faible, mais mon flair d'ancien banquier me dit que ce n'est pas forcément le cas, hasarda M. Joué.

– Vous avez raison, répondis-je. Pour savoir réellement avec qui vous allez signer l'emprunt, il vaut mieux calculer… »

■■■

1. La démonstration de cette formule peut se trouver dans un manuel de base de finance. Elle sort du cadre de cet ouvrage.

Tableau d'amortissement d'emprunt de l'offre d'Amofin :

Périodes	Capital restant dû	Montant d'intérêt	Remboursement	Annuité
1	150 000,00	6 000,00	27 694,07	33 694,07
2	122 305,93	4 892,24	28 801,83	33 694,07
3	93 504,10	3 740,16	29 953,90	33 694,07
4	63 550,20	2 542,01	31 152,06	33 694,07
5	32 398,14	1 295,93	32 398,14	33 694,07

Explications de la première ligne du tableau :

- Calcul de l'annuité : $A = \dfrac{E \times i}{1-(1+i)^{-n}} = \dfrac{150\,000 \times 0{,}04}{1-(1+0{,}04)^{(-5)}} \simeq 33\,694{,}07$ €
- Calcul de la 1re ligne :

Montant d'intérêt : $150\,000 \times 0{,}04 = 6\,000$

Remboursement : $33\,694{,}07 - 6\,000 = 27\,694{,}07$

- Passage à la deuxième ligne :

Capital restant dû au début de la deuxième période : $150\,000 - 27\,694{,}07 = 122\,305{,}93$ €
Il suffit ensuite de remplir la deuxième ligne, de passer à la troisième, et ainsi de suite jusqu'à avoir complété le tableau. Remarquons qu'à la dernière période, le capital restant dû et le remboursement sont égaux. Ainsi, à la fin de la dernière période, le capital emprunté est entièrement remboursé et la dette prend fin.

Tableau d'amortissement d'emprunt de l'offre de Bmofin :

Périodes	Capital restant dû	Montant d'intérêt	Remboursement	Annuité
1	150 000,00	4 050,00	17 048,88	21 098,88
2	132 951,12	3 589,68	17 509,20	21 098,88
3	115 441,92	3 116,93	17 981,95	21 098,88
4	97 459,97	2 631,42	18 467,46	21 098,88
5	78 992,51	2 132,80	18 966,08	21 098,88
6	60 026,43	1 620,71	19 478,17	21 098,88
7	40 548,26	1 094,80	20 004,08	21 098,88
8	20 544,19	554,69	20 544,19	21 098,88

La méthode est la même, seules les caractéristiques de l'emprunt changent. L'annuité vaut :

$$A = \frac{E \times i}{1-(1+i)^{-n}} = \frac{150\,000 \times 0{,}027}{1-(1+0{,}027)^{(-8)}} \simeq 21\,098{,}88 \text{ €}$$

Calculons à présent le coût de chaque emprunt en sommant les montants d'intérêt de chaque emprunt :

- Pour Amofin : coût de l'emprunt $= \sum_{t=1}^{n} M_t \simeq 18\,470,34$ €
- Pour Bmofin : coût de l'emprunt $= \sum_{t=1}^{n} M_t \simeq 18\,791,04$ €

« Tiens, s'étonna Mme Joué. L'emprunt chez Bmofin coûte plus cher, malgré un taux plus faible !

– C'est normal, répondis-je. Le capital est remboursé moins vite, donc les montants d'intérêt sont plus élevés.

– Alors nous signerons chez Amofin ! conclut-elle.

– En êtes-vous sûr ? remarquai-je. Certes, l'emprunt coûte moins chez Amofin, mais il vous faudra sortir 33 694,07 € par échéance, alors qu'avec l'autre emprunt, vous ne sortez que 21 098,88 € par période. Compte tenu de l'écart de coût, cela mérite réflexion. Prenez le temps, on s'engage pour longtemps en signant ! »

Enregistrement comptable

Comptablement :

- Les montants d'intérêt sont des charges (la rémunération de la banque lui est acquise et c'est un appauvrissement définitif). On utilise le compte **661 Charges d'intérêt**.
- Le capital emprunté et remboursé est représenté par un compte de passif, le compte **164 Emprunts auprès des établissements de crédit**. Le capital emprunté augmente la dette, donc augmente le compte 164 (crédit). Un remboursement diminue le capital dû, donc la dette, et donc diminue le compte 164 (débit).

À enregistrer en comptabilité pour un emprunt :

- La souscription de l'emprunt :
  – le compte 512 est débité (on reçoit l'argent) ;
  – le compte 164 est crédité (on forme la dette envers la banque).
- L'annuité payée à chaque échéance :
  – le compte 512 est crédité du montant de l'annuité ;
  – le compte 661 est débité de la somme correspondant au montant d'intérêt payé ;
  – le compte 164 est débité du montant remboursé.

Remarque

Dans le cas où l'entreprise prête de l'argent, elle a une créance et non une dette.
Donc :

- Les montants d'intérêt sont des produits. On utilise le compte **7626 Revenus des prêts**.
- Le capital emprunté et remboursé est représenté par un compte d'actif, le compte **274 Prêts**.

Les écritures à passer :

- Souscription : le 274 est débité, le 512 est crédité.
- À chaque échéance : le 512 est débité (annuité), le 274 est crédité du montant du remboursement, le 7626 est crédité du montant des intérêts perçus.

Cas Jubéo (suite)

Admettons que l'emprunt retenu ait été celui proposé par Amofin.

Écriture de souscription :

N^os de compte	date de souscription de l'emprunt	Débit	Crédit
512 164	Banque Emprunts auprès des EC *Contrat d'emprunt*	150 000	 150 000

Première échéance :

N^os de compte	1 an après la souscription	Débit	Crédit
661 164 512	Charges d'intérêt Emprunts auprès des EC Banque *Tableau d'amortissement de l'emprunt*	6 000 27 694,07	 33 694,07

Et ainsi de suite pour chaque période, avec les valeurs calculées dans le tableau d'amortissement de l'emprunt.

Remarque

Nous avons négligé ici la prise en compte des intérêts courus sur emprunt.
Nous y reviendrons au chapitre 7.

TOUCHER DES SUBVENTIONS

Définition et typologie

Une subvention est une aide financière non remboursable. Elle peut être octroyée par une organisation publique (État, collectivité locale) ou un organisme privé (une entreprise à une autre, une fondation/association).

Une subvention a toujours **un objet précis**, qui conditionne le versement et l'utilisation des fonds.

Il existe trois types de subventions :

- **La subvention d'investissement** : elle sert à investir dans des biens durables (immobilisations).
- **La subvention d'exploitation** : elle sert à couvrir des coûts de court terme liés à l'exploitation.
- **La subvention d'équilibre** : elle permet d'équilibrer les comptes en compensant un résultat négatif. Plutôt rare, elle s'octroie en général dans le cadre d'une entreprise délégataire d'un service public (exemple : la gestion municipale de l'eau), qui pratique des prix préférentiels susceptibles de grever le bénéfice.

Processus et écritures comptables

À court terme

Les subventions d'exploitation et d'équilibre sont des produits de court terme. On va les enregistrer dans les comptes suivants :

- **74 Subventions d'exploitation**
- **7715 Subventions d'équilibre**

La contrepartie est un compte 512 Banque, débité. Si la subvention est octroyée, mais pas encore versée, on l'enregistre dans un compte de créance **441 État – Subventions à recevoir**. Lorsque la subvention est effectivement versée, ce compte est soldé et le compte 512 est débité.

Attention

Les subventions d'exploitation et d'équilibre sont soumises à TVA s'il y a une contrepartie exigée pour la subvention. Par exemple, si la mairie subventionne une entreprise de transport, qui fait en sorte que les usagers paient un prix inférieur au prix de marché, la subvention est soumise à TVA. En effet, la mairie retire un avantage en matière de prix lorsqu'elle octroie la subvention.

EXEMPLE 1

Le château Remba, qui produit un vin fruité à des prix attractifs, essuie de plein fouet les mauvaises conditions météorologiques de cette année. La municipalité décide le 15/09/N d'octroyer au château une subvention de 75 000 €. Le déblocage des fonds interviendra quand le responsable chargé du dossier viticole passera vérifier l'état de la production. Sa visite est prévue le 25/09/N.

Nos de compte	15/09/N	Débit	Crédit
4417	État – Subvention d'exploitation à recevoir	75 000	
74	Subvention d'exploitation		75 000
	Lettre d'octroi		

Nos de compte	25/09/N	Débit	Crédit
512	Banque	75 000	
4417	État – Subvention d'exploitation		75 000
	Virement		

Ici, il n'y a pas de TVA au moment de la constatation du produit en compte 74, car il n'y a pas de contrepartie à la subvention.

EXEMPLE 2

L'entreprise Desflots s'engage auprès de la mairie à fournir de l'eau aux particuliers de la commune, à des tarifs préférentiels. Le prix proposé est manifestement sous-évalué par rapport aux autres communes. La mairie verse en échange une subvention de 48 000 € par an pour le service rendu. La subvention est reconduite le 15/06 et est effectivement versée un mois plus tard.

■■■

■■■

Nos de compte	15/06/N	Débit	Crédit
4418	État – Subvention d'équilibre à recevoir	48 000	
7715	Subvention d'équilibre		40 000
44571	TVA collectée		8 000
	Lettre d'octroi		

$\frac{48\,000}{1{,}2} = 40\,000$; soit une TVA de 48 000 – 40 000 = 8 000 €.

Ici, la subvention comporte une contrepartie pour l'organisme qui subventionne, donc elle est soumise à TVA.

Nos de compte	15/07/N	Débit	Crédit
512	Banque	48 000	
4418	État – Subvention d'équilibre		48 000
	Virement		

À long terme

Les subventions d'investissement sont des produits pour financer des besoins de long terme. On va les enregistrer dans le compte **777 Quote-part des subventions d'investissement virée au résultat de l'exercice**.

La contrepartie est un compte 512 Banque, débité. Si la subvention est octroyée, mais pas encore versée, on l'enregistre comme précédemment dans un compte de créance **441 État – Subventions à recevoir**. Lorsque la subvention est effectivement versée, ce compte est soldé et le compte 512 est débité.

Les subventions d'investissement sont exonérées de TVA.

Option pour étaler une subvention d'investissement dans le temps

Comme les montants des subventions d'investissement peuvent être importants, l'entreprise a la possibilité d'étaler l'effet de la subvention sur le compte de résultat. La durée d'étalement correspond à la durée d'utilisation du bien durable qui sera acquis avec la subvention. Par exemple, une subvention qui permet d'acquérir une machine de durée d'utilisation 5 ans sera étalée sur 5 ans.

- **Sans l'option :**
  – on débite un compte 512 ou 441 ;
  – on crédite le compte 777.

Inconvénient : toute la subvention se retrouve en enrichissement de l'exercice, ce qui aura pour effet de faire payer davantage d'impôts sur les sociétés.

- **Avec l'option :**
  - On crée un passif qui nous finance, la subvention. Pour cela :
    - ▶ on débite un compte 512 ;
    - ▶ on crédite un compte **131 Subventions d'équipement**.
  - On étale ce passif dans le temps, à l'aide d'un compte de rattachement **139 Subventions d'investissement inscrites au compte de résultat**. Pour cela, à chaque fin d'exercice :
    - ▶ on débite le compte 139 ;
    - ▶ on crédite le compte 777.
  - On solde les comptes 131 et 139 qui ont servi à étaler le produit 777 dans le temps.

Cas Jubéo

La lettre fait partie de celles que l'on relit plusieurs fois, tant on a peine à y croire. Tout ce temps passé, ces rendez-vous apparemment manqués ou stériles, ces montagnes de paperasses à remplir. Et cela a payé !
« Bravo, s'écria M. Joué. Nous avons bien fait de persévérer comme vous nous l'aviez suggéré, merci !
– De rien, répondis-je simplement. Je ne m'attendais pas à une si bonne nouvelle. Combien la mairie vous donne-t-elle ?
– 190 000 € ! Pour nous rééquiper de matériels dernier cri et développer le rayonnement culturel dans notre magnifique ville… Ça les vaut !
– Certes. Il va néanmoins falloir ruser pour comptabiliser cette manne au mieux.
– Comment cela ? demanda Mme Joué.
– Eh bien cette subvention est la bienvenue, mais cela va fortement augmenter votre résultat de l'année et donc votre impôt. Mais rassurez-vous, on va ruser…

Jubéo a reçu le 19/07/N une lettre l'informant de l'octroi d'une subvention d'investissement à hauteur de 190 000 €. Le versement est prévu le 15/09. Compte tenu de l'importance de la somme, il est décidé d'étaler la subvention. Comme cette dernière va servir à acquérir du matériel de durée d'utilisation de 10 ans, la subvention sera étalée sur cette durée.

■■■

■■■

Écritures :

Réception de la lettre et constatation d'une subvention à étaler :

Nos de compte	19/07/N	Débit	Crédit
4411	Subvention d'investissement à recevoir	190 000	
1314	Subvention d'équipement		190 000
	Lettre d'octroi		

Enregistrement du versement de la subvention :

Nos de compte	15/09/N	Débit	Crédit
512	Banque	190 000	
4411	Subvention d'inv. à recevoir		190 000
	Virement		

Étalement d'une part de la subvention à la fin de N :

On étale 190 000 € sur 10 ans, soit 19 000 € par an.

Nos de compte	31/12/N	Débit	Crédit
139	Subventions d'investissement inscrites au compte de résultat	19 000	
777	Quote-part de subv-virée		19 000
	Livre d'inventaire		

On passe la même écriture au 31/12/N+1, 31/12/N+2, …, 31/12/N+9, pour étaler 19 000 € par an sur 10 ans.

Solde des comptes d'étalement de la subvention :

Nos de compte	31/12/N+9	Débit	Crédit
1314	Subventions d'équipement	190 000	
139	Subv. d'investissement inscrites		190 000
	Livre d'inventaire		

■■■

■■■

Au final :

- sans l'option, Jubéo a un produit de 190 000 € sur le seul exercice N.
- avec l'option, Jubéo a un produit de 19 000 € par an de N à N+9, ce qui étale l'effet sur le résultat de la subvention. Cela répartit donc l'imposition de cette subvention.

« Bravo ! S'écrit Mme Joué. Non seulement on touche 190 000 €, mais on limite notre résultat et notre impôt pour de nombreuses années, ce qui va nous permettre de mieux repartir ! »

4 | EXERCICES ET APPLICATIONS

Exercice 1
Cas Fric à Frac

L'entreprise Fric à Frac conçoit et fabrique des lignes de vêtement et des costumes pour le cinéma et la production de séries télévisées. Elle possède de nombreux comptes bancaires. Voici les extraits bancaires des comptes de l'entreprise :

- Compte à la Banque Mostale : solde créditeur de 15 800 €
- Compte à la B.I.P. : solde débiteur de 14 500 €
- Compte au Crédit Usuel : solde créditeur de 22 600 €

Le comptable utilise le sous-compte comptable 512001 pour enregistrer les mouvements sur le compte de la Banque Mostale, 512002 pour le compte B.I.P. et 512003 pour le compte au Crédit Usuel.

On suppose le rapprochement bancaire bien effectué pour les 3 comptes bancaires.

Travail à faire

1) Expliquer quel est le solde des comptes 512001, 512002 et 512003 en comptabilité et à quelle situation cela correspond en réalité.

2) Quel est le montant total net de trésorerie de l'entreprise ?

Le solde du compte B.I.P. est à ce niveau depuis le 18/03/N. À ce moment-là, la banque a accordé le découvert bancaire jusqu'au 28/05/N. Le coût est le suivant :

- Frais d'autorisation de découvert HT : 1 % du montant du découvert. TVA au taux normal.
- Agios : 16 % l'an.

Fric à Frac retrouve un solde positif le 20/05/N.

Travail à faire

3) Calculer le coût du découvert et passer l'écriture correspondante au journal de l'entreprise.

Exercice 2
Cas Vizon

L'entreprise Vizon est spécialisée dans la production et la commercialisation de laines techniques pour le bâtiment (laine de verre, laine de roche). Pour un suivi rigoureux de sa gestion, elle vous demande d'établir un lettrage des comptes clients et fournisseurs pour le mois de février N. Voici les opérations du mois :

- 01/02 : achat de matières premières au fournisseur Zeti. TTC : 3 600 €, paiement à 30 jours.
- 03/02 : achat de fil électrique au fournisseur Legrand. TTC : 1 500 €, paiement sous huitaine.
- 06/02 : vente de lots de laines de roche à l'entreprise Longueville. TTC : 14 800 €. Paiement prévu en 4 fois à parts égales les 06/02, 13/02, 20/02 et 27/02. Longueville paie le premier quart le 06/02.
- 10/02 : Vizon paie son fournisseur Legrand intégralement.
- 12/02 : le client Bargolo règle la moitié de sa dette sur la vente du 27 janvier (montant TTC de la vente : 4 500 €).
- 13/02 : le fournisseur Desplat réclame l'intégralité de son dû sur la vente du 22/01, soit 3 400 €. Vizon ne peut pas payer, mais envoie un chèque de 500 € en gage de sa bonne foi.
- 13/02 : Longueville honore le paiement prévu.
- 17/02 : Bargolo règle la moitié de ce qu'il doit encore.
- 20/02 : relance de Longueville, sans succès.
- 20/02 : vente au client Pinel de gaines isolées. TTC : 4 100 €. Paiement à 30 jours.
- 22/02 : achat de cartons pour conditionner les produits auprès des Déménageurs Bretons. TTC : 440 €. Paiement comptant : 1/4 de la somme, le solde étant prévu à la fin du mois.
- 25/02 : le client Finuli règle 1/3 de sa dette initiale.
- 28/02 : Vizon règle la moitié de ce qu'elle doit aux Déménageurs Bretons.

Travail à faire

À partir de ces données et des éléments du tableau de suivi des créances et des dettes ci-dessous (janvier), compléter le tableau de lettrage pour le mois de février, en insérant éventuellement des lignes si besoin.

Lettre	Dates	Tiers	Montants dus	Montants payés	Solde
AA	17/01	Client Finuli	6 600	0	
	29/01	Client Finuli		1 000	
AB	22/01	Fournisseur Desplat	3 400		
AC	27/01	Client BARGOLO	4 500		

■■■

Lettre	Dates	Tiers	Montants dus	Montants payés	Solde

Exercice 3
Cas Harovision

Harovision est une entreprise spécialisée dans la fabrication de décors de films et de production d'images de synthèse pour le 7ème art et les séries télévisées. Elle doit investir dans de nombreuses machines numériques et dans du matériel informatique pour faire face à une forte demande.

Le besoin de financement est de 450 000 €.

Pour cela, elle a demandé à ses deux banques une proposition de prêt :

- La Banque Papelaire :
  - principal emprunté : 450 000 € ;
  - taux d'intérêt (fixe) : 2,8 % ;
  - maturité : 10 ans ;
  - méthode d'amortissement : par annuités constantes.
- Le Crédit Orignel :
  - principal emprunté : 450 000 € ;
  - taux d'intérêt (fixe) : 3,4 % ;
  - maturité : 6 ans ;
  - méthode d'amortissement : par annuités constantes.

Travail à faire

1) Présenter les tableaux d'amortissement de chaque emprunt et indiquer l'emprunt retenu (critère : celui qui a le coût de l'emprunt le plus faible).

2) Dans l'hypothèse où il souscrit l'emprunt retenu le 01/04/N, indiquer quelles seront les écritures de souscription au 01/04, et quelle sera l'écriture de la première annuité au 01/04/N+1 (on ne tiendra pas compte des intérêts courus).

Exercice 4
Cas Grofilou

L'entreprise Grofilou, qui œuvre dans le secteur de la grande distribution à prix cassés, est depuis longtemps en difficulté. Ce n'est qu'avec l'appui du Conseil général qu'elle se maintient en activité, par de nombreuses subventions reçues. Voici le récapitulatif des subventions de l'exercice N :

- 05/01 : lettre du Conseil général (lettre délibération du 28/12/N–1) promettant une subvention S001 de 78 000 € pour l'achat de camions (durée d'utilisation probable : 10 ans) servant au transport des marchandises.
- 19/03 : lettre du Conseil général (délibération du 02/03/N) octroyant une subvention S002 de 90 000 € pour aider le secteur de la grande distribution, contre la promesse de l'entreprise de faire un prix sur ses produits pour les jeunes et les chômeurs du département. Paiement prévu avant l'été.
- 27/05 : virement d'une subvention S003 Conseil général pour achat d'un nouvel entrepôt. Montant : 150 000 €. Durée probable d'utilisation de l'entrepôt : 20 ans.
- 30/05 : mise en paiement de la subvention S002 à hauteur de la moitié.
- 20/06 : suite à des suspicions de prises illégales d'intérêt, le Conseil général démissionne dans son ensemble et des élections ont lieu.
- 15/07 : le nouveau Conseil général annule la subvention S002 et demande à l'entreprise de rembourser le trop-perçu. Grofilou s'exécute le jour même.
- 26/07 : octroi d'une subvention S004 pour équilibrer les comptes de l'entreprise dans les activités alimentaires, déficitaire à hauteur de 30 000 €. Le virement est prévu pour début juillet.
- 15/09 : versement d'une subvention S005 de 5 000 € pour maintenir l'emploi dans le secteur à court terme.
- 18/09 : Versement de la subvention S004.
- 08/10 : Grofilou n'ayant toujours pas finalisé l'achat de son nouvel entrepôt, le Conseil général décide de réduire la subvention S003 de 50 000 € et demande à l'entreprise de rembourser le trop-perçu.
- 11/10 : Grofilou rembourse le trop-perçu sur S003.

Travail à faire

En supposant que les subventions sont étalées dans le temps quand c'est possible, enregistrer au journal les opérations liées aux subventions de Grofilou, y compris les opérations d'inventaire correspondantes au 31/12.

Exercice 5
Cas Surfafon

L'entreprise Surfafon vous communique un extrait de son compte 512 et de son extrait bancaire :

Compte 512

Date	Libellé	Débit	Crédit	Solde
25/05/N	A nouveau	2 100		2 100
25/05/N	Prélèvement EDF		1 852	248
26/05/N	Versement espèces	11 000		11 248
26/05/N	Chèque client Dubois	850		12 098
27/05/N	Remise à l'escompte	7 120		19 218
27/05/N	Chèque n°125 Fourn. Tchang		546	18 672
27/05/N	Chèque n° 126 Fourn. Pétrel		1 411,5	17 260,5
27/05/N	Chèque n°127 assur. Prof.		2 445	14 815,5
28/05/N	Chèque client Color	3 666,6		18 482,1
30/05/N	Chèque n° 128 Fourn. Racoon		2 457	16 025,1
	Total	24 736,6	87 11,5	16 025,1

Relevé bancaire

Date	Libellé	Débit	Crédit	Solde
24/05/N	Solde antérieur		2 353	2 353
24/05/N	Prélèvement EDF	1 852		501
25/05/N	chèque n° 123	253		248
26/05/N	Versement espèces		1 000	1 248
28/05/N	remise de chèque		850	2 098
29/05/N	comm = 15€HT, intérêts : 44€		7 058,06	9 156,06
29/05/N	chèque n° 125	546		8 610,06
29/05/N	chèque n° 127	2 445		6 165,06
30/05/N	remise de chèque		3 666,6	9 831,66
30/05/N	Commission = 22€HT ; Agios : 8€	34,4		9 797,26
	Total	5 130,4	14 927,66	9 797,26

Travail à faire

Établir le rapprochement bancaire et passer si nécessaire les éventuelles écritures de régularisation.

Exercice Progiciel

Charger le dossier « chapitre4 » dans Extension → Dossier Démo

On suppose que l'entreprise veut améliorer sa trésorerie. Pour cela, elle veut escompter auprès de sa banque les deux créances les plus importantes et recourir à l'affacturage pour sa 3e créance la plus importante.

Conditions d'escompte et d'affacturage :

- Frais sur effets de commerce : 2 % du HT de la créance.
- Agios sur escompte d'effets de commerce : 13 % par an.
- Commissions d'affacturage : 16 % du montant HT des créances.
- Agios sur affacturage : 17 % par an.

Les dates prévues de règlement des clients sont incluses dans le dossier comptable.

Travail à faire

1) Identifier les trois créances les plus importantes et les dates d'échéances correspondantes.

2) Enregistrer le traitement de ces opérations (escompte et affacturage) dans un journal OD.

3) Commenter l'impact de ces opérations sur la trésorerie de l'entreprise.

Application 1
Cas Fleuram

« Nous aimerions bien comprendre comment vous avez finalisé notre financement auprès de notre banquier, me dit M. Jolie. Nous ne comprenons pas le tableau que vous nous avez communiqué.

– Je vais vous expliquer pourquoi votre banquier vous a suivi si facilement pour votre emprunt de 100 000 €, répondis-je. »

■■■

■■■

Voici le tableau d'amortissement de l'emprunt des époux Jolie :

Périodes	Capital restant dû	Montant d'intérêt	Remboursement	Annuité
1	100 000,00	1 000,00	9 558,21	10 558,21
2	90 441,79	904,42	9 653,79	10 558,21
3	80 788,00	807,88	9 750,33	10 558,21
4	71 037,67	710,38	9 847,83	10 558,21
5	61 189,84	611,90	9 946,31	10 558,21
6	51 243,53	512,44	10 045,77	10 558,21
7	41 197,76	411,98	10 146,23	10 558,21
8	31 051,53	310,52	10 247,69	10 558,21
9	20 803,84	208,04	10 350,17	10 558,21
10	10 453,67	104,54	10 453,67	10 558,21

Travail à faire :

1) Expliquer le tableau à M. et Mme Jolie en répondant aux questions suivantes :

a) À quel taux la banque a-t-elle prêté à Fleuram ?

b) Quel est le coût total de l'emprunt ?

c) Combien Fleuram doit-elle payer à la banque chaque année ?

d) Comment a été calculée l'annuité ?

2) En supposant que le bénéfice hebdomadaire moyen de l'entreprise est de 1 000 € HT, expliquer pourquoi la banque a octroyé ce prêt si facilement à Fleuram, à un taux si faible.

Application 2
Cas Famiglia Baglio

Les assiettes empilées sur le comptoir se mirent à voler à travers le restaurant, se brisant sur le mur du fond…

« Ce n'est pas possible ! s'écria Mme Baglio. Ils ne peuvent pas nous faire ça !

– *Stupidi !* renchérit M. Baglio.

– La lettre semble claire pourtant, précisai-je. Votre restaurant est sous le coup d'une fermeture administrative par la mairie ! La raison invoquée est "Non respect des lois et règlements en vigueur".

– Ils n'ont pas le droit, pourquoi font-ils cela ? C'est certainement des jaloux qui veulent ruiner notre affaire ! Comment va-t-on s'en sortir ? C'est fini…

– Non, ce n'est pas fini, dis-je avec calme. Il n'y a aucun fondement à cette fermeture et je pense convaincre la mairie de lever cette sanction injuste. Le problème est qu'elle a été ordonnée pour 2 mois et que vous devez tenir tout ce temps avec votre

■■■

trésorerie. Aller voir les élus municipaux, l'association des commerçants, saisir le juge, éventuellement faire pression avec les élections qui approchent, cela va prendre du temps. L'entreprise doit honorer ses échéances en attendant. Je m'en occupe ! Avec votre banquier, on devrait trouver une solution.

– Mais ça va nous coûter les yeux de la tête ! s'exclama M. Baglio.

– Ne vous inquiétez pas, je ferai en sorte que la mairie vous indemnise pour les dommages causés. Je connais le maire, il ne voudra pas d'un scandale alors que l'on vote dans 6 mois ! »

Famiglia Baglio peut obtenir le 04/05/N un découvert bancaire de 56 000 €.

Le taux d'agios annuel de ce découvert est de 6 %, et grâce à la négociation hors pair de l'expert-comptable de l'entreprise, il n'y a pas de frais bancaires.

L'expert-comptable prévoit que l'entreprise remboursera ce découvert au plus tard le 30/06/N, car à cette date les négociations pour faire tomber la sanction auront abouti et les indemnisations seront perçues.

Travail à faire

1) Calculer le coût du découvert.

2) Enregistrer au journal les frais liés au découvert à date du 30/06.

5 CHAPITRE
Embaucher et rémunérer ses salariés

18 heures. Je ne suis pas loin du centre-ville. La pluie martèle les pavés. J'aperçois une file impressionnante de gens devant le nouveau magasin de M. et Mme Jolie. Il n'y a que des hommes, qui semblent sortir du travail. C'est le 14 février, et ces étourdis achètent à la dernière minute un cadeau ou des fleurs pour leur femme. Tiens, au fait, je n'ai rien prévu moi non plus… « Ah, ces hommes », dirait ma femme…

Amusé, je me fraye un chemin à travers la foule. J'aperçois M. et Mme Jolie qui tentent à eux deux de satisfaire l'abondante clientèle pressée à qui on pourrait vendre n'importe quoi à n'importe quel prix.

« Bonjour Mme Jolie, hélai-je.

– Oh bonjour, vous tombez vraiment mal, c'est la ruée !

– Je repasserai, ne vous inquiétez pas.

– Il faudrait vraiment qu'on embauche ! Je harcèle mon mari pour qu'on recrute, mais cela coûte cher et c'est compliqué à gérer !

– Rassurez-vous, ce n'est pas si compliqué. On en reparlera. À bientôt ! »

Maintenant, il faut que je trouve des chocolats avant de rentrer à la maison, sinon…

1 | COMPRENDRE LE BULLETIN DE PAIE

Le bulletin de paie est un document normé. Les calculs qui permettent son édition sont souvent perçus comme compliqués. Pourtant, si le chef d'entreprise délègue la partie la plus technique de l'élaboration du bulletin à un expert, la logique d'ensemble de la paie est assez simple.

PRÉSENTATION GÉNÉRALE DU BULLETIN DE PAIE

BULLETIN DE PAIE - CADRE

EMPLOYEUR:	SALARIE:
Nom:	*Nom et Prénom:*
Adresse:	*Adresse:*
CP et Ville :	*Numéro SS:*
Numéro APE:	*Convention collective:*
Numéro SIRET:	*Emploi:*
URSSAF:	*Coefficient:*

	heures	taux horaire			
Salaire de base	151,67		0,00 €	Plafond SS :	3 377,00 €
HS à 25%		0,00 €	0,00 €		
HS à 50%		0,00 €	0,00 €		
Heures majorées			0,00 €		
SALAIRE BRUT			**0,00 €**		0,00 €

COTISATIONS	PART SALARIALE			PART PATRONALE		
	Base	**Taux**	**Montant**	**Base**	**Taux**	**Montant**
CSG non déductible	0,00 €	2,40%	0,00 €			
CRDS non déductible	0,00 €	0,50%	0,00 €			
CSG déductible	0,00 €	6,80%	0,00 €			
Santé						
SS maladie maternité invalidité décès				0,00 €	7,00%	0,00 €
SS maladie maternité invalidité décès complém.				0,00 €	6,00%	0,00 €
Complémentaire incapacité, inval, décès				0,00 €	1,50%	0,00 €
Complémentaire santé mutuelle			25,00 €			25,00 €
Cotisations employeurs mutuelle						25,00 €
Accidents du travail				0,00 €	2,00%	0,00 €
Retraite						
De base plafonnée	0,00 €	6,90%	0,00 €	0,00 €	8,55%	0,00 €
De base déplafonnée	0,00 €	0,40%	0,00 €	0,00 €	1,90%	0,00 €
Complémentaire tranche 1	0,00 €	4,01%	0,00 €	0,00 €	6,01%	0,00 €
Complémentaire tranche 2	0,00 €	9,72%	0,00 €	0,00 €	14,57%	0,00 €
Contribution d'équilibre technique	0,00 €	0,14 %	0,00 €	0,00 €	0,21%	0,00 €
Supplémentaire tranche A	0,00 €	3,00%	0,00 €	0,00 €	6,00%	0,00 €
Supplémentaire tranche B	0,00 €	8,00%	0,00 €	0,00 €	16,00%	0,00 €
Famille						
Assurance chômage	0,00 €		0,00 €	0,00 €	4,05%	0,00 €
Assurance chômage AGS	0,00 €		0,00 €	0,00 €	0,15%	0,00 €
Cotisation APEC	0,00 €	0,02%	0,00 €	0,00 €	0,04%	0,00 €
Autres						
FNAL plafonnée	0,00 €			0,00 €	0,10%	
Solidarité autonomie	0,00 €			0,00 €	0,30%	
Financement organisations syndicales	0,00 €			0,00 €	0,016%	
Taxe d'apprentissage	0,00 €			0,00 €	0,680%	
Cotisation de formation	0,00 €			0,00 €	1,00%	
TOTAL des cotisations			**25,00 €**			**50,00 €**

	Base	taux	montant
Net à payer avant impôt			-25,00
Prélèvement à la source			0
Impôt sur le revenu (PaS)			
Net à payer			**-25,00 €**
Salaire net imposable			**-25,00 €**

Payé par virement bancaire le :

A CONSERVER SANS LIMITATION DE DUREE

Figure 5.1 – Vue d'ensemble du bulletin de paie

Progiciel

Charger le dossier « Exemple de bulletin de paie » dans Extension → Dossier Démo
Aller dans Gestion → Suivi et cliquez sur « Modèle de bulletin de paie ».

Structure générale

Le bulletin de salaire comporte 4 parties :

- la partie identification : elle comprend les données des parties, à savoir les éléments qui identifient l'employeur d'une part, le salarié d'autre part ;
- la partie « salaire brut » ;
- la partie « cotisations » ;
- la partie « salaire net ».

Le salaire brut

Le salaire brut est le salaire de base défini dans le contrat de travail auquel on ajoute les compléments de rémunération (primes, gratifications, pourboires, avantages en nature).

Le salaire de base peut être majoré d'heures supplémentaires. Ce sont des heures effectuées au-delà de la durée officielle du contrat de travail (35 heures normalement dans le secteur privé pour un temps plein). Il y a deux types d'heures supplémentaires :

- majorées de 25 % par rapport aux heures normales : de la 1re à la 8e heure hebdomadaire ;
- majorées de 50 % par rapport aux heures normales : au-delà de la 8e heure hebdomadaire.

Remarque

Le droit du travail est assez complexe et les règles générales de la paie peuvent être aménagées par des conventions collectives entre partenaires sociaux. De plus, des règles spécifiques sont à appliquer pour les agents publics et certains métiers particuliers[1].

Cas Fleuram

- Mme Jolie souhaite engager un vendeur ou une vendeuse pour tenir le magasin et alléger son travail. Elle pourra définir librement, dans le cadre imposé par le droit du travail, le salaire brut de son salarié.
- **Exemple de calcul :**
- **Salaire de base :** un temps plein 35 heures équivaut à 151,67 heures par mois (35 heures par semaine × 52 semaines / 12 mois). Mme Jolie fixe le taux horaire brut à 12 €.
- Elle prévoit également une prime de résultat de 200 € si les ventes du mois sont satisfaisantes. C'est le cas ce mois-ci. De plus, ce mois-ci, le salarié a effectué 4 heures supplémentaires.
- **Salaire brut** = 151,67 × 12 + 200 + 4 × 12 × 1,25 = 2 080,04 €

Les cotisations sociales

C'est la partie la plus difficile du bulletin de salaire. Nous n'entrerons pas dans le détail de calcul de chaque cotisation[2], mais nous exposerons les principes de calcul des cotisations dans son ensemble.

Cotisation sociale : c'est un prélèvement obligatoire effectué sur le salaire brut, qui finance une prestation sociale bien déterminée.

Il existe beaucoup de cotisations différentes. On peut les regrouper en 4 catégories :

- Santé : on y retrouve toutes les cotisations liées à la Sécurité sociale.
- Retraite : y figurent les cotisations qui financent les retraites auprès de plusieurs caisses.

1. L'auteur renvoie le lecteur à un ouvrage de droit du travail pour avoir davantage de précisions.
2. Il existe des règles spéciales de plafonnement de certaines cotisations, ce qui modifie la base de calcul. Ces règles sortent du cadre de cet ouvrage.

- Famille : on y retrouve l'assurance chômage et d'autres cotisations en fonction du type de bulletin.
- Autres : On y retrouve la CSG et diverses autres contributions.

Pour chaque cotisation, il y a deux grandes colonnes :
- une partie de la cotisation est supportée par le salarié (on appelle cela une **cotisation salariale**) ;
- une partie de la cotisation est supportée par l'employeur (on appelle cela une **cotisation employeur**).

Remarque

Certaines cotisations ne sont supportées que par le salarié ou que par l'employeur.

EXEMPLES

- La retraite de base est supportée par les deux.
- La Sécurité sociale maladie, maternité, invalidité, décès n'est supportée que par l'employeur.
- La CSG n'est supportée que par le salarié.

Mode de calcul des cotisations : une cotisation (part salarié ou employeur) se calcule à partir d'une base de calcul, qui est en général le salaire brut. On applique à cette base un taux spécifique à la cotisation. On obtient le montant à prélever, au titre de cette cotisation.

EXEMPLES

- L'assurance chômage part employeur a un taux de 4,05 % (taux 2021). La base de calcul est le salaire brut. Admettons que ce dernier soit de 3 000 €. La cotisation « assurance chômage part employeur » est donc de 3 000 × 4,05 / 100 = 121,5 €.
- La cotisation APEC part salariale a un taux de 0,02 % (taux 2021). La base de calcul est le salaire brut. Admettons que ce dernier soit de 3 000 €. La cotisation est donc de 3 000 × 0,02 / 100 = 0,72 €.

Progiciel

Reprendre le modèle de bulletin de salaire vu au début du chapitre. Entrer les données dans les cases sur fond jaune, qui permettent le calcul du salaire brut. Les cotisations sociales sont calculées automatiquement.

Le salaire net et le salaire à payer

Le salaire net est le salaire brut auquel on enlève la somme des cotisations sociales salariales.

Ce n'est pas ce qui sera réellement perçu par le salarié. En effet, il faut tenir compte de plusieurs éléments qui seront retirés du salaire net :

- **Les acomptes sur salaires** : ce sont les avances versées par l'employeur avant le calcul de la paie du mois écoulé. Par exemple, un salarié peut percevoir à la signature de son contrat de travail une avance.
- **Les saisies sur salaires** : appelées aussi **oppositions** sur salaires, ce sont des sommes qui sont retenues sur la paie du salarié.
- **Le prélèvement à la source au titre de l'impôt sur le revenu** : depuis le 1er janvier 2019, l'impôt sur le revenu est prélevé au moment du versement du revenu au bénéficiaire. Pour le salarié, l'employeur retient donc pour le compte du Trésor public un montant d'impôt sur la paie du salarié. Ce prélèvement à la source (PaS) est calculé au moyen d'un taux moyen d'imposition calculé et transmis par l'administration fiscale à l'employeur. La base de calcul est le revenu moyen mensuel estimé du salarié (le salaire net imposable).

Le salaire net à payer est donc :

Salaire net à payer = Salaire net – oppositions – avances – PaS

Pour sa déclaration de revenus, le contribuable aura besoin d'une information supplémentaire : le salaire net imposable.

Salaire net imposable = Salaire net à payer + part de la CSG non déductible des revenus + CRDS

Cas Fleuram

- Le salarié que Mme Jolie a prévu d'embaucher a un salaire brut de 2 080,04 €. En intégrant cette donnée dans le bulletin de salaire, nous trouvons :
- Un total de cotisations salariales de 461,90 €.
- Un total de cotisations employeur de 956,32 €.

Le salaire net est donc : 2 080,04 – 461,90 = 1 618,14 €.
Le salarié a un revenu imposable net de 1 500 € et son taux de PaS est de 5 % . Il n'a pas eu d'avance ou d'opposition sur son salaire.
Le PaS vaut : 1 500 × 0,05 = 75 €.
Le salaire net à payer est donc :
1 618,14 – 75 = 1 543,14 €
« Donc, pour pouvoir payer mon salarié 1 618,14 €, Fleuram devra débourser 2 080,04 plus 956,32 = 3 036,36 € ! Que c'est cher d'employer quelqu'un ! s'écrie Mme Jolie.
– Eh oui, il faut en général compter le double. Le coût du travail en France est très élevé…
– Heureusement que vous vous occupez de la paie, c'est quand même bien compliqué ! » conclut Mme Jolie…

2 LES OBLIGATIONS LÉGALES EN MATIÈRE DE PAIE

LES CHARGES FISCALES LIÉES À LA PAIE

Certains impôts sont assis sur la masse salariale brute, c'est-à-dire la somme des salaires bruts de l'entreprise :

- **La taxe sur les salaires** (pour les non assujettis à la TVA uniquement) : taux normal à 4,25 % , avec des taux majorés à 8,5 % et 13,6 % au-delà de certains plafonds.
- **La taxe d'apprentissage** : 0,68 % .
- **La contribution à la formation professionnelle continue** : 0,55 % pour les entreprises jusqu'à 10 salariés, 1 % sinon.

1. Remarquons que le coût du travail en France est très élevé. En effet, les cotisations employeur représentent environ 46 % du salaire brut. Et pour pouvoir payer un salarié, l'employeur doit débourser environ 90 % de plus que le salaire net qu'il souhaite verser.

- **La participation des employeurs à l'effort de construction** (pour les entreprises de plus de 49 salariés) : 0,45 % .

Pour les trois dernières taxes, l'entreprise peut s'en affranchir à condition d'employer un certain nombre d'apprentis, de financer de la formation continue ou d'effectuer des versements directs à l'effort de construction (prêts immobiliers aux salariés, construction de logements pour les salariés).

Ces taxes sont à acquitter annuellement, trimestriellement ou mensuellement en fonction de la taille de l'entreprise.

LES DOCUMENTS À TENIR POUR LA PAIE

L'entreprise doit éditer et conserver un certain nombre de documents relatifs à la paie :

- **Le registre unique du personnel** : il recense les données personnelles sur les salariés.
- **Le livre de paie** : il regroupe tous les éléments de la paie de tous les salariés vus précédemment.
- **Le bulletin de paie** : c'est un document individuel remis au salarié où figurent tous les éléments de son salaire.

Chaque année, l'entreprise doit déclarer, dans le cadre de la DSN (déclaration sociale nominative), les éléments de paie aux organismes sociaux.

3 | ENREGISTRER LA PAIE

Le journal comptable de l'entreprise doit garder trace des éléments suivants.

LES SALAIRES BRUTS

Les salaires bruts sont une charge pour l'entreprise. L'écriture constate une dette vis-à-vis des salariés enregistrée en classe 4. Donc :

- On débite un compte **641 Rémunérations du personnel**.
- On crédite un compte **421 Personnel – rémunérations dues**.

LES SAISIES ET OPPOSITIONS

Ces éléments sont déduits de la dette envers le salarié, car les avances et les oppositions sont des montants que l'on ne doit plus au salarié. Donc :

- On débite un compte **421 Personnel – rémunérations dues**.
- On crédite un compte **425 Personnel – Avances et acomptes**.
- On crédite un compte **427 Personnel – Oppositions**.

LE PRÉLÈVEMENT À LA SOURCE AU TITRE DE L'IR (PAS)

Ce prélèvement se fera sur le salaire net. On déduit le PaS de la dette envers le salarié. Donc :

- On débite un compte **421 Personnel – rémunérations dues.**
- On crédite un compte **4421 Prélèvements à la source** (Impôt sur le revenu).

LES COTISATIONS SOCIALES EMPLOYEURS

Les cotisations employeur sont des charges pour l'entreprise. L'écriture constate une dette vis-à-vis des organismes sociaux à qui l'entreprise paiera ces charges. Donc :

- On débite un compte **645 Charges de sécurité sociale et de prévoyance.**
- On crédite un compte **43 Organismes sociaux.**

LES COTISATIONS SOCIALES SALARIALES

Les cotisations salariales ne sont pas à la charge de l'employeur. Elles sont prélevées sur la dette envers les salariés pour être reversées aux organismes sociaux. C'est donc juste un transfert de dette d'un agent à l'autre. Donc :

- On débite un compte **421 Personnel – rémunérations dues.**
- On crédite un compte **43 Organismes sociaux.**

LES CHARGES FISCALES LIÉES À LA PAIE

Ce sont des charges que l'on doit à l'État. Donc :

- On débite un compte **6311 Taxe sur les salaires.**
- On débite un compte **6312 Taxe d'apprentissage.**

- On débite un compte **6313 Participation des employeurs à la formation continue.**
- On débite un compte **6314 Cotisation pour défaut d'investissement obligatoire dans la construction**.
- On crédite un compte **447 Autres impôts, taxes et versements assimilés.**

L'enregistrement de la paie est terminé ! Il reste à enregistrer les paiements aux dates prévues, à savoir :

- Payer les salaires nets :
  – compte 421 débité (soldé) ;
  – compte 512 crédité.
- Payer les cotisations sociales (salariales+employeur) :
  – compte 43 débité (soldé) ;
  – compte 512 crédité.
- Payer à l'administration fiscale le PaS :
  – compte 4421 débité (soldé) ;
  – compte 512 crédité.
- Payer les impôts liés à la paie :
  – compte 447 débité (soldé) ;
  – compte 512 crédité.

Cas Fleuram

- Le salarié qui était prévu n'est finalement pas venu travailler à Fleuram. Mme Jolie embauche donc le 01/04 Mlle Duflot, fleuriste de formation. Son salaire brut est fixé à 2 148,80 €. Le total des cotisations salariales est de 540,80 €. Le total des cotisations employeur est de 982,71 €. Mlle Duflot a un revenu imposable mensuel de 1 600 € (issu de son précédent emploi) et son taux de prélèvement à la source est de 2 %.
- Les montants des impôts liés à la paie sont les suivants :
  - La taxe sur les salaires : 0 € (l'entreprise est assujettie à la TVA).
  - La taxe d'apprentissage : 54,4 €.
  - La contribution à la formation professionnelle continue : 0 €, l'entreprise en est exemptée car elle contribue par ailleurs.
  - La participation des employeurs à l'effort de construction : 0 €, Fleuram n'est pas concernée.

■■■

- **Travail à faire**

Enregistrer les écritures de paie au 30/04 pour ce salarié. On supposera que le salaire est versé le 02/05 et que les cotisations et autres contributions sont versées le 15/05.

Enregistrement des salaires bruts :

Nos de compte	30/04/N	Débit	Crédit
641 421	Rémunération du personnel Personnel – Rémunérations dues *Livre de paie*	2 148,8	2 148,8

Enregistrement des cotisations sociales employeur :

Nos de compte	30/04/N	Débit	Crédit
645 43	Charges sociales Organismes sociaux *Livre de paie*	982,71	982,71

Enregistrement des cotisations sociales salarié :

Nos de compte	30/04/N	Débit	Crédit
421 43	Personnel – Rémunérations dues Organismes sociaux *Livre de paie*	540,8	540,8

Enregistrement du PaS :

Nos de compte	30/04/N	Débit	Crédit
421 4421	Personnel – Rémunérations dues Prélèvements à la source IR *Livre de paie*	32	32

Calcul du PaS : 1 600 × 0,02 = 32

- **Enregistrement de la taxe d'apprentissage :**

Nos de compte	30/04/N	Débit	Crédit
6312 447	Taxe d'apprentissage État – autres impôts *Livre de paie*	54,4	54,4

Paiement du salaire net :

Nos de compte	02/05/N	Débit	Crédit
421 512	Personnel – Rémunérations dues Banque *Virement*	1 576	1 576

Calcul du salaire net : 2 148,8 – 540,8 – 32 = 1 576 €

Paiement des cotisations :

Nos de compte	15/05/N	Débit	Crédit
43 512	Organismes sociaux Banque *Virement*	1 523,51	1 523,51

Total des cotisations salariales et employeur : 540,8 + 982,71 = 1 523,51 €

Paiement du prélèvement à la source :

Nos de compte	15/05/N	Débit	Crédit
4421 512	Prélèvements à la source – IR Banque *Virement*	32	32

Paiement de la taxe d'apprentissage :

Nos de compte	15/05/N	Débit	Crédit
447 512	État – Autres impôts Banque *Virement*	54,4	54,4

4 EXERCICES ET APPLICATIONS

Exercice 1
Cas Amanda

Mme Amanda ne comprend rien au bulletin de salaire qu'elle a reçu. Le voici :

BULLETIN DE PAIE - CADRE	
EMPLOYEUR	**SALARIE:**
Nom ***Adresse*** ***CP et Ville*** ***NuméroAPE*** ***Numéro SIRET*** ***URSSAF***	***Nom et Prénom:*** ***Adresse:*** ***Numéro SS:*** ***Convention collective:*** ***Emploi:*** ***Coefficient:***

	heures	taux horaire			
Salaire de base	151,67	13,00	1 971,71 €	Plafond SS :	3 428,00 €
HS à 25 %	5,00	16,25 €	81,25 €		
HS à 50 %		19,50 €	0,00 €		
Heures majorées	1,00	300,00 €	300,00 €		
SALAIRE BRUT			**2 352,96 €**		2 336,71 €

COTISATIONS	PART SALARIALE			PART PATRONALE		
	Base	**Taux**	**Montant**	**Base**	**Taux**	**Montant**
CSG non déductible	2 311,78 €	2,40 %	55,48 €			
CRSD non déductible	2 311,78 €	0,50 %	11,56 €			
CSG déductible	2 311,78 €	5,80 %	157,20 €			
Santé						
SS maladie maternité invalidité décés				2 352,96 €	7,00 %	164,71 €
SS maladie maternité invalidité décés complém.				2 352,96 €	6,00 %	141,18 €
Complémentaire incapacité, inval. décés				2 352,96 €	1,50 %	35,29 €
Complémentaire santé mutuelle			25,00 €			25,00 €
Cotisations employeurs mutuelle						25,00 €
Accidents du travail				2 352,96 €	2,00 %	47,06 €
Retraite						
De base plafonnée	2 352,96 €	6,90 %	162,35 €	2 352,96 €	8,55 %	201,18 €
De base déplafonnée	2 352,96 €	0,40 %	9,41 €	2 352,96 €	1,90 %	44,71 €
Complémentaire tranche 1	2 352,96 €	3,15 %	74,12 €	2 352,96 €	4,72 %	111,06 €
Complémentaire tranche 2	0,00 €	8,64 %	0,00 €	0,00 €	12,95 %	0,00 €
Contribution d'équilibre technique	2 352,96 €	0,14 %	3,29 €	2 352,96 €	0,21 %	4,94 €
CET tranche 1	2 352,96 €	0,86 %	20.24 €	2352,96 €	1,29 %	30,35 €
CET tranche 2	0,00 €	1,08 %	0,00 €	0,00€	1,62 %	

COTISATIONS	PART SALARIALE			PART PATRONALE		
	Base	Taux	Montant	Base	Taux	Montant
						0,00 €
Famille						
Assurance chômage	2 352,96 €		0,00 €	2 352,96 €	4.05 %	95,29 €
Assurance chômage AGS	2 352,96 €		0,00 €	2 352,96 €	0,15 %	3,53 €
Allocations familiales	2 352,96 €			2 352,96 €	5,25 %	123,53 €
Cotisation APEC	2 352,96 €	0,02 %	0,56 €	2 352,96 €	0,04 %	0,85 €
Autres						
FNAL plafonnée	2 352,96 €		0,00 €	2 352,96 €	0,10 %	2,35 €
FNAL déplafonnée	2 352,96 €		0,00 €	2 352,96 €	0,10 %	2,35 €
Solidarité autonomie	2 352,96 €		0,00 €	2 352,96 €	0,30 %	7,06 €
Financement organisations syndicales	2 352,96 €		0,00 €	2 352,96 €	0,016 %	0,38 €
TOTAL des cotisations			**519,22 €**			**1 075,23 €**

Net à payer avant impôt			1 833,74
	Base	taux	montant
Prélèvement à la source	1 300	1,00 %	13
Impôt sur le revenu (PaS)			
Net à payer			1 820,74 €
Salaire net imposable			1 887,78 €

Payé par virement bancaire le :

À CONSERVER SANS LIMITATION DE DURÉE

Travail à faire

1) Quel montant Mme Amanda touchera effectivement sur son compte bancaire ?

2) Expliquer les différentes composantes de son salaire brut.

3) Calculer les rapports suivants :

$$\frac{\text{cotisations sociales salariales}}{\text{salaire brut}}$$

$$\frac{\text{cotisations sociales employeur}}{\text{salaire brut}}$$

4) Calculer le coût employeur de Mme Amanda.

Exercice 2
Cas Beaumont

L'entreprise Beaumont est un établissement de santé de 60 salariés. Elle n'est pas soumise à la TVA. Sur ses 60 salariés, 40 ont un salaire brut mensuel de 1 800 €, 12 ont un salaire brut mensuel de 2 600 € et 8 un salaire brut de 3 300 €.

Travail à faire

1) Calculer la masse salariale brute annuelle de Beaumont.

2) Calculer le montant des quatre impôts assis sur la masse salariale que l'entreprise doit acquitter.

3) Enregistrer au journal l'écriture correspondante à ces impôts, sachant que la déclaration se fait une fois l'an le 15/01.

Exercice 3
Cas Filatelli

M. Filatelli, propriétaire de l'entreprise éponyme spécialisée dans la décoration intérieure, se demande combien cela va lui coûter s'il veut embaucher un nouveau salarié qu'il souhaite payer 1 800 € nets. Les données dont il dispose sont les suivantes :

- Le rapport $\frac{\text{cotisations sociales salariales}}{\text{salaire brut}}$ est de 22 %.
- Le rapport $\frac{\text{cotisations sociales employeur}}{\text{salaire brut}}$ est de 46 %.
- On suppose un taux de prélèvement à la source de 0 %.

Travail à faire

1) Retrouver le salaire brut à partir des données disponibles.

2) Calculer le coût employeur comme la somme du salaire brut et des cotisations employeur.

Exercice 4
Cas Matka

L'entreprise Matka est spécialisée dans l'accueil des jeunes enfants de 0 à 3 ans et propose à ses clients des services de garde et de soins aux tout-petits. Matka a embauché de nombreuses nounous ce mois-ci, ce qui change les données de paie. Voici les éléments :

■■■

■■■

- Avances versées à l'embauche : 18 000 €
- Salaires bruts : 120 000 €
- Heures supplémentaires : 45 000 €
- Primes d'ancienneté : 10 000 €
- Indemnités de transport : 8 000 €
- Cotisations sociales :
  - o salariales de Sécurité Sociale : 19 200 €
  - o salariales d'assurance chômage : 2 400 €
  - o salariales de retraite : 3 600 €
  - o salariales autres :10 000 €
  - o employeur de Sécurité Sociale : 45 600 €
  - o employeur d'assurance chômage : 3 000 €
  - o employeur de retraite : 11 000 €
  - o employeur autres : 2 000 €

La paie est enregistrée en comptabilité le 20 de chaque mois. Les salaires sont réglés le 30 de chaque mois et les cotisations sociales le 15 du mois suivant.

Travail à faire

En justifiant tous les calculs, aider le comptable à enregistrer au journal les écritures de paie du mois de juin et tous les paiements correspondants.

Exercice 5
Cas Vonoyet

L'entreprise Vonoyet est une animalerie située dans le sud de la France. Elle élève les animaux vendus et produit elle-même ses articles, qui sont vendus dans son réseau de magasins. Le comptable a besoin d'aide pour réaliser la paie des cadres de l'entreprise. Voici les informations pour la paie de novembre :

- Nombre de salariés (statut cadre) : 10.
- Équivalent temps plein sur le mois : 151,67 heures (soit 35 heures par semaine).
- Salaire horaire mensuel brut d'un cadre : 25 € bruts.
- Heures supplémentaires : parmi les 10 salariés, 6 ont fait 5 heures supplémentaires par semaine, 3 ont fait 11 heures supplémentaires par semaine et 1 salarié aucune heure supplémentaire.
- 3 cadres ont été sanctionnés par une saisie sur salaire de 1 500 € bruts.
- 1 cadre a perçu une avance sur salaire de 500 € à la signature de son contrat le 01/11.
- Chaque cadre a un revenu imposable de 3 500 € et leur taux de prélèvement à la source est estimé à 12 %.

■■■

■■■

Travail à faire

1) Calculer la masse salariale brute.

2) Calculer au moyen d'un modèle de bulletin de salaire les cotisations salariales et employeur.

3) Calculer le salaire net, le salaire à payer et le salaire imposable.

4) Procéder aux enregistrements comptables, sachant que les salaires sont versés le 1er du mois suivant, et les cotisations sont payées le 15 du mois suivant.

Exercice Progiciel
Éditer un bulletin de paie

Votre mission si vous l'acceptez : configurer le logiciel pour éditer le bulletin de salaire de M. Martin !

Pour réaliser cet exercice, étudier les tutoriels proposés et le manuel du progiciel comptable en ligne sur http://pgi.u-bordeaux.fr/cs

Travail à faire

1) Récupérer le modèle de bulletin de salaire du chapitre 5.

2) Créer un modèle de bulletin de salaire sur cette base avec les montants calculés suivants : salaire brut, heures supplémentaires, primes, base du PaS, taux de PaS.

3) Créer un modèle de fiche salarié avec les montants calculés de la question 2.

4) Créer le salarié Martin au moyen d'une fiche, et éditer son bulletin de salaire pour voir si cela fonctionne. Données de M. Martin :

- *Salaire brut : 2 000 €*
- *Heures supplémentaires : 500 h*
- *Primes : 200 €*
- *Taux de PaS : 4 %*
- *Base du PaS : 1 800*

Application 1
Famiglia Baglio

« *Non mi importa ! Non mi importa !* » entends-je hurler depuis la cuisine en entrant dans le restaurant.

Étonné par cet éclat de voix, je me dirige vers le comptoir où Mme Baglio tente d'étouffer le scandale en faisant du bruit, pour éviter que les clients n'entendent la dispute en cuisine.

■■■

■■■

« Que se passe-t-il ? lancé-je.
– C'est notre cuisinier qui refuse de travailler, répond Mme Baglio toute tremblante. Les premiers clients sont déjà là et il ne veut pas cuisiner aujourd'hui, pour une histoire d'augmentation, je crois… »
Je fais irruption dans la cuisine pour en savoir plus. J'y trouve M. Baglio, une pelle à tarte dans la main, qui admoneste durement un jeune homme près du four à pizza. Mon arrivée calme les deux protagonistes et M. Baglio anticipe immédiatement ma question :
« Ce qui se passe ? Cet *imbecille* ne veut pas travailler et veut une augmentation, là, tout de suite ! Après ce que j'ai fait pour lui !
– Attendez, coupé-je, les clients attendent et il y a du travail. Cette discussion peut avoir lieu plus tard. Je connais les qualités de votre cuisinier et je suis sûr que vous êtes d'accord pour le payer convenablement. Allez, maintenant au travail ! »
Soufflés par mon injonction, le cuisinier se remet vite à la préparation des plats et M. Baglio me tire à part pour avoir davantage d'explications…

Travail à faire
1) À partir des données ci-dessous, évaluer l'impact salarial de l'augmentation demandée par la cuisinier.
2) Si M. Baglio veut une augmentation de son coût salarial de 300 € maximum, quelle augmentation de salaire peut-il accorder ?
Données :
Augmentation demandée par le cuisinier : 400 € nets.
Salaire brut actuel du cuisinier : 1 350 €.
Le rapport $\frac{\text{cotisations sociales salariales}}{\text{salaire brut}}$ est de 20 %.
Le rapport $\frac{\text{cotisations sociales employeur}}{\text{salaire brut}}$ est de 45 %.
On suppose un taux de prélèvement à la source de 0 %.

Application 2
Jubéo

« Cela est une décision difficile à prendre, mais c'est la seule possible si on veut redresser la barre », confie M. Joué.
En effet, j'avais dès le début alerté les époux Joué sur les mauvais recrutements réalisés par le dirigeant précédent, M. Gampoix. Au sein de l'activité « création artistique », la production comporte trop de salariés mal formés. Il est donc nécessaire d'en licencier certains pour alléger les charges salariales. Je conseille à mes clients de licencier 6 ouvriers et de mieux former les 8 restants.

■■■

Voici les données sur les ouvriers licenciés :
Chacun était payé 1 250 € bruts.

Le rapport $\frac{\text{cotisations sociales salariales}}{\text{salaire brut}}$ est de 20 %.

Le rapport $\frac{\text{cotisations sociales employeur}}{\text{salaire brut}}$ est de 45 %.

On suppose un taux de prélèvement à la source de 0 %.
Jubéo décide de payer une formation à chaque ouvrier non licencié et une aide à la reconversion pour les ouvriers licenciés. Coût : 200 € HT par ouvrier formé et 400 € HT par ouvrier licencié.

Travail à faire

1) Calculer le coût employeur des 6 ouvriers licenciés.

2) Calculer le coût de la formation proposée par Jubéo à tous les ouvriers.

3) En déduire les économies réalisées par ces licenciements.

6 CHAPITRE

Investir et ses conséquences

Une odeur d'incendie, la cuisine calcinée…
« Excusez-moi M. Baglio ! bredouille le commis.
– *Sciocco* ! A-t-on idée de laisser le four ouvert ! Tout a brûlé ! » M. Baglio claque la porte du restaurant et sort pour prendre l'air.
Je considère les dégâts.
« Bon, l'assurance prendra tout en charge, mais en attendant, il vous faut rapidement de nouveaux matériels et une nouvelle cuisine.
– Oui, répond Mme Baglio, mais on ne pourra jamais tout racheter, on n'a pas assez de fonds ! Emprunter alors que nous ne serons indemnisés qu'ensuite est un peu idiot.
– Il y a d'autres possibilités, dis-je, comme louer le matériel ou se le faire prêter.
– Je peux aussi réparer une partie des dégâts, reprend le commis. J'ai été maçon et je pourrai réparer le four en attendant que vous puissiez en racheter un neuf.
– Merci André, dit Mme Baglio. Réfléchissons sur ce qu'il convient de faire… »

1 ACQUÉRIR DES IMMOBILISATIONS POUR TRAVAILLER

L'INVESTISSEMENT ET SA VALEUR EN COMPTABILITÉ

Investissement : c'est une mobilisation de ressources pour acquérir un bien qui donnera des avantages économiques futurs.

En comptabilité, investir revient à acquérir une immobilisation corporelle ou incorporelle.

Avantages économiques futurs (notés AEF par la suite) : ils représentent toutes les possibilités créatrices de valeur du bien acquis sur une certaine durée.

La notion d'avantages économiques futurs est importante. Elle va fonder la valeur du bien dans lequel l'entreprise investit.

EXEMPLES

- Un terrain a de la valeur parce qu'il donne de l'espace pour stocker et construire ; il peut procurer des revenus s'il est cultivé ou loué.
- Une machine a de la valeur car elle permet de produire, d'accomplir des tâches rapidement et efficacement, de gagner du temps.
- Un véhicule a de la valeur car il procure un avantage de déplacement rapide et de capacité de transport.
- Un ordinateur a de la valeur par les calculs qu'il peut effectuer et par les logiciels utiles qu'il peut faire fonctionner.

L'évaluation de la valeur des immobilisations quand on les achète obéit au principe de coûts historiques (ou nominalisme) : on enregistre les actifs **à leur valeur d'entrée**, et on garde trace de cette valeur tant que l'on détient cette immobilisation. Cette valeur est appelée **valeur d'origine, notée par la suite VO**.

LES MODALITÉS D'ACQUISITION DES IMMOBILISATIONS

Il existe trois modalités d'acquisition d'une immobilisation. L'objectif est de donner une valeur d'origine réaliste à l'immobilisation qui va être acquise.

L'acquisition à titre onéreux

Dans ce cas, l'immobilisation est achetée, un prix est payé. La valeur d'origine sera évaluée au **coût d'acquisition**.

> **Coût d'acquisition** = prix d'achat + tous les coûts annexes engagés pour que l'actif puisse donner ses AEF.

Exemples de coûts annexes : frais d'installation, de transport, de réglage, d'expertise.

Remarque

Parmi ces coûts annexes, certains coûts ne sont pas nécessaires aux AEF que va produire l'immobilisation. D'autres sont nécessaires pour que l'actif produise ses AEF.

Traitement comptable :

- Pour les coûts nécessaires aux AEF : on doit les rattacher à la valeur d'origine.
- Pour les coûts non nécessaires aux AEF : on peut les rattacher à la valeur d'origine ou on peut les exclure de cette valeur et les passer en charge.

EXEMPLES

- Une machine est achetée pour 15 000 € HT. Elle nécessite des frais d'installation de 1 500 € HT. Comme ces frais sont nécessaires à l'utilisation de la machine, on doit les incorporer à la valeur d'origine. Donc VO = 15 000 + 1 500 = 16 500 € HT.
- Un terrain est acheté pour 45 000 € HT. L'entreprise diligente une expertise (900 € HT) pour connaître la nature du sous-sol. L'étude du sol n'étant pas nécessaire à l'utilisation économique du terrain, on a le choix d'incorporer les frais d'expertise dans la valeur d'origine ou non. Selon le choix comptable retenu, la VO peut être de 45 000 € HT ou de 45 900 € HT.

La livraison à soi-même

Dans ce cas, l'entreprise engage des coûts pour produire elle-même un bien durable, corporel ou incorporel. C'est un cas d'autoproduction.

- **Immobilisation corporelle** : on l'évalue au **coût de production**.

> **Coût de production** = Charges directes de production + Charges indirectes qui peuvent être rattachées.

- **Immobilisation incorporelle** : on l'évalue au **coût de développement**.

> **Coût de développement** : ensemble des dépenses nécessaires à la création, la production et la préparation de l'immobilisation.

EXEMPLE 1

L'entreprise Quadri produit pour elle-même un entrepôt. Les coûts engagés pour cette construction sont les suivants :
- Matériaux et autres fournitures : 45 000 € HT.
- Conception et études : 25 000 € HT.
- Main-d'œuvre : 60 000 € bruts.

La VO est donc : 45 000 + 25 000 + 60 000 = 130 000 € HT.

EXEMPLE 2

L'entreprise Diam + développe un logiciel PGI[1] pour sa propre gestion financière. Les coûts associés sont les suivants :
- Études et conception : 600 € HT.
- Salaires des développeurs : 1 800 € bruts.
- Licence et propriété intellectuelle : 1 000 € HT.

La VO est donc : 600 + 1 800 + 1 000 = 3 400 € HT.

L'acquisition à titre gratuit

Dans ce cas, l'entreprise reçoit sans contrepartie une immobilisation corporelle ou incorporelle. Il n'y a donc aucun prix payé. Comment évaluer un don ?

1. PGI : Progiciel de gestion intégré

- **L'évaluation à une valeur vénale**. C'est une valeur donnée par la confrontation entre l'offre et la demande sur un marché qui fonctionne dans des conditions de concurrence satisfaisantes[1].

  Exemple : l'entreprise reçoit un véhicule utilitaire d'occasion dont la cotation Argus® donne une valeur représentative du marché.
- **L'évaluation à une valeur d'usage**. On utilisera cette valeur s'il n'y a pas de valeur vénale satisfaisante, soit parce qu'il n'existe pas de marché pour le bien donné, soit parce que le marché de ce bien ne donne pas un prix satisfaisant, les conditions de saine concurrence n'étant pas réunies. La valeur d'usage est la somme des AEF actualisés du bien considéré[2].

EXEMPLE

L'entreprise reçoit par legs une tour médiévale. Le marché de ce type de bien étant quasi inexistant, on va définir les AEF possibles pour ce bien :
- Louer le bien pour le cinéma ou des mariages.
- Aménager la tour en bureaux, en restaurant ou en habitation, avec possibilité de location ou d'exploitation dans le temps.

Ainsi, même sans repère, on peut définir une valeur d'origine à un bien acquis à titre gratuit.

Cas Baglio

M. Baglio, vu l'étendue des dégâts, va racheter les éléments suivants de la cuisine :
- Tables de cuisine et espaces de travail (ameublements) : 17 000 € HT, frais d'installation 1 000 € HT.
- Matériels de cuisine (cuiseurs, moulins et robots) : 5 800 € HT, frais de réglages : 200 € HT.

Comme le commis l'a proposé, le four à pizza en pierre réfractaire sera restauré par ses soins. Comme M. Baglio ne peut pas le faire travailler gratuitement sous peine d'être sanctionné pour travail dissimulé, il va engager les coûts suivants pour le four :
- Matériaux et équipements : 1 400 € HT.
- Petit outillage : 400 € HT.
- Main-d'œuvre fournie par le commis : 700 € bruts.

■■■

1. Un marché fonctionne bien s'il est efficient. L'auteur renvoie le lecteur à la littérature économique abondante sur le sujet de l'efficience des marchés.
2. Le calcul estimé d'une valeur d'usage sort du cadre de cet ouvrage. Le lecteur pourra trouver davantage d'informations sur le sujet dans des ouvrages de finance d'entreprise.

Enfin, M. Baglio va pouvoir compter sur la solidarité familiale. Il va récupérer gratuitement deux fours électriques d'appoint et du matériel informatique pour équiper la cuisine et permettre de gérer les commande à distance par ondes wi-fi. Valeur des éléments donnés par sa famille :

- 1 four à chaleur tournante évalué à 450 € HT.
- 1 four électronique programmable évalué à 780 € HT.
- 1 matériel informatique complet évalué à 1 600 € HT.

Détermination des valeurs d'origine :

- Tables et espaces de travail : 17 000 + 1 000 = 18 000 € HT.
- Matériels de cuisine : 5 800 + 200 = 6 000 € HT.
- Four à pizza : 1 400 + 400 + 700 = 2 500 € HT.
- Four à chaleur tournante : 450 € HT.
- Four électronique programmable : 780 € HT.
- Le matériel informatique : 1 600 € HT.

Le traitement comptable de l'acquisition

Une fois la VO déterminée, on peut enregistrer au journal l'acquisition.

Pour une acquisition à titre onéreux :

- On débite un **compte 20 ou 21**.
- On débite un compte **44562 TVA déductible sur achats d'immobilisations**.
- On crédite un compte **512 Banque** (achat comptant) ou un compte **404 Fournisseurs d'immobilisations** (achat à crédit).

Remarque

S'il y a des RRR et/ou des escomptes sur une acquisition d'immobilisation, on ne les enregistre pas dans des comptes particuliers. On enregistre dans le compte 20 ou 21 le net financier auquel on rattache les frais accessoires nécessaires à l'utilisation des AEF de l'immobilisation.

Pour une livraison à soi-même :

- On passe en comptabilité toutes les charges engagées pour la production de l'immobilisation :
  - on débite des comptes de **charge 6** ;
  - on débite pour chaque charge le compte **44566 TVA déductible sur achats de biens et services**, sauf si la TVA n'est pas déductible (cas de la main-d'œuvre salariée par exemple) ;

– on enregistre la contrepartie en compte **512 Banque** ou **401 Fournisseurs**.

- Lorsque l'immobilisation est terminée, on constate que les charges passées précédemment sont un enrichissement pour l'entreprise, et cet enrichissement va créer de la valeur à l'actif en classe 2. Donc :

– on débite un **compte 20 ou 21** ;

– on crédite un compte **72 Production immobilisée**, pour la somme des charges précédemment enregistrées.

Pour une acquisition à titre gratuit :

– on débite un **compte 20 ou 21** ;

– on crédite un compte **7788 Autres produits exceptionnels**.

Cas Baglio

Voici les écritures comptables à passer pour Famiglia Baglio concernant les acquisitions mentionnées précédemment (TVA à 20 %) :

Les tables et les espaces de travail (acquisition à titre onéreux) : 17 000 + 1 000 = 18 000 € HT (les frais étant nécessaires, on les incorpore dans le compte 21).

N[os] de compte	date de l'acquisition	Débit	Crédit
2184	Mobilier	18 000	
44562	TVA déductible sur achats d'immob.	3 600	
404	Fournisseurs d'immob.		21 600
	Facture		

Les matériels de cuisine (acquisition à titre onéreux) : 5 800 + 200 = 6 000 € HT (les frais étant nécessaires, on les incorpore dans le compte 21).

N[os] de compte	date de l'acquisition	Débit	Crédit
2154	Matériel	6 000	
44562	TVA déductible sur achats d'immob.	1 200	
404	Fournisseurs d'immob.		7 200
	Facture		

■■■

Le four à pizza (autoproduction) :

Nos de compte	engagement des charges pendant la restauration du four	Débit	Crédit
601	Matières premières et fournitures	1 400	
605	Matériel et équipements	400	
44566	TVA déductible	360	
641	Salaires	700	
512	Banque		2 860
	Factures / bulletin de paie		

Attention, la TVA ne s'applique pas sur le salaire du commis, car il est salarié du restaurant. Calcul : (1 400 + 400) × 0,2 = 360 €.

À l'achèvement de l'immobilisation :

Nos de compte	Date de la constatation de la création de l'immobilisation	Débit	Crédit
2154	Matériel	2 500	
722	Production immobilisée		2 500
	Factures / bulletin de paie		

1 400 + 400 + 700 = 2 500 € ; la VO de l'immobilisation correspondant aux charges constatées lors de la production de l'immobilisation, via un compte 72 qui neutralise ces charges.

Le four à chaleur tournante et le four électronique programmable (acquisitions à titre gratuit) :

Total : 450 + 780 € = 1 230 €

Nos de compte	Date du don	Débit	Crédit
2154	Matériel	1 230	
7788	Produits exceptionnels divers		1 230
	Certificat de don		

Le matériel informatique (acquisition à titre gratuit) :

Nos de compte	Date du don	Débit	Crédit
2183	Matériel informatique	1 600	
7788	Produits exceptionnels divers		1 600
	Certificat de don		

Remarques

- Un don n'est pas soumis à TVA, puisque ce n'est ni un achat ni une vente.
- La VO est inscrite dans le compte 20 ou 21 qui a été débité. Cette valeur est conservée tant que l'immobilisation reste dans la comptabilité de l'entreprise, jusqu'à la cession.
- Si la VO d'une immobilisation est inférieure à 500 € HT, l'acquisition est enregistrée en charge, et non en classe 2. Cela simplifie la gestion des actifs, notamment à l'inventaire.

Exemple :
L'entreprise Sarmin, spécialisée dans la revente de pièces détachées de véhicules, achète des lots d'outils pour 300 € HT. On utilisera le compte 605 Achats de matériels, équipements et travaux, au lieu d'un compte 2.

- Si la TVA n'est pas déductible sur l'acquisition, le montant TTC est enregistré dans le compte 20 ou 21. Si la TVA est déductible, le compte 20 ou 21 contient toujours des montants HT.

2 LES CONSÉQUENCES SUR LA GESTION DE SES ACTIFS : ACHETER OU LOUER EN CRÉDIT-BAIL ?

L'acquisition d'immobilisations corporelles et incorporelles augmente l'actif de l'entreprise.

Acquérir une immobilisation suppose néanmoins des contraintes :

- Il faut pouvoir la financer. Comme nous l'avons vu dans le chapitre 4, il faut pouvoir obtenir un crédit bancaire ou une subvention si l'entreprise n'a pas les fonds nécessaires. Une acquisition d'immobilisation est souvent onéreuse.
- Il faut gérer l'immobilisation tant que l'entreprise en est propriétaire. Cela suppose d'assurer sa maintenance, de constater ses pertes de valeur. Nous verrons ce dernier point dans le chapitre 7.

Pour s'affranchir de ces contraintes liées à l'acquisition, l'entreprise peut recourir au **crédit-bail**.

> **Crédit-bail** : c'est un contrat de location d'un bien durable avec une option d'achat à l'échéance du contrat.

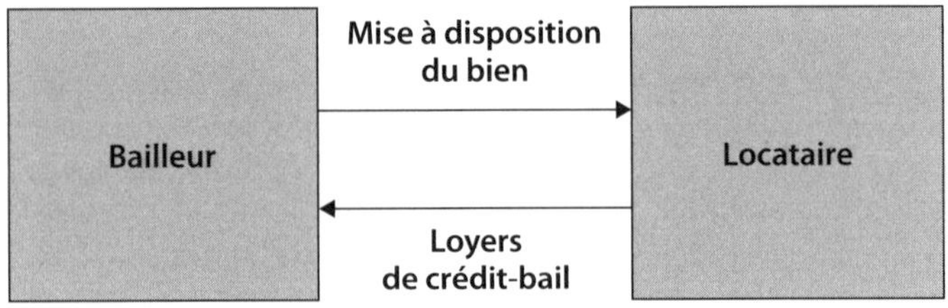

Figure 6.1 – Principe du crédit-bail

> **Le bailleur** est le propriétaire du bien qui le met à disposition de l'entreprise contre rémunération.
> **Le locataire** est l'entreprise qui souhaite utiliser le bien sur une certaine durée, moyennant le paiement régulier de loyers de crédit-bail.

Le processus du contrat est le suivant :

- **Le début du contrat** : l'entreprise verse un dépôt de garantie, qui sert de garantie au bailleur. Ce dépôt de garantie est restitué à l'échéance du contrat.
- **Pendant le contrat** : l'entreprise paie des loyers de crédit-bail. Ces loyers sont soumis à TVA.
- **À la fin du contrat** : le dépôt de garantie est restitué à l'entreprise. Cette dernière peut exercer l'option d'achat au prix fixé dans le contrat de crédit-bail.

L'avantage du crédit-bail est de louer un bien plutôt que l'acheter. La mise de fonds pour utiliser le bien est moindre et le crédit-bail n'apparaît pas à l'actif (sauf le dépôt de garantie). L'inconvénient est que sur une certaine durée, le crédit-bail peut coûter plus cher que la détention effective du bien.

Selon ce processus, nous allons enregistrer les écritures suivantes :

- Début du contrat :
  - le compte **275 Dépôts et cautionnements versés** est débité ;
  - le compte **512 Banque** est crédité.
- Pendant le contrat, à chaque échéance (en général mensuelle) :
  - le compte **612 Redevances de crédit-bail** est débité ;
  - le compte **44566 TVA déductible** est débité ;
  - le compte **512 Banque** est crédité (ou bien un compte 401 Fournisseurs si le paiement est différé).

- Fin du contrat :
  – le compte **275 Dépôts et cautionnements versés** est crédité ;
  – le compte **512 Banque** est débité.

Si l'option est exercée, l'immobilisation louée en crédit-bail est acquise, donc :

- Le compte **21** est débité.
- Le compte **44562 TVA déductible sur achats d'immobilisations** est débité.
- Le compte **404 Fournisseurs d'immobilisations** est crédité (ou bien le compte **512 Banque** si le paiement est comptant).

Cas Baglio

M. Baglio trouve que racheter les tables et espaces de travail est très onéreux (18 000 € HT). « A-t-on intérêt à acheter le mobilier ou bien à le louer pendant un an et le racheter à l'échéance du contrat ? », demande Mme Baglio. Ils considèrent une location en crédit-bail de ce mobilier aux conditions suivantes :

- Durée du contrat : 1 an.
- Montant HT mensuel des loyers de crédit-bail : 550 € HT.
- Montant du dépôt de garantie : 2 000 € HT.
- Prix d'exercice de l'option d'achat à l'échéance : 7 000 € HT.

Coût de l'achat direct : 18 000 € HT.

Coût du crédit-bail :

- Loyers : 550 × 12 = 6 600 €.
- Exercice de l'option : 7 000 €.
- Coût total du crédit-bail : 6 600 + 7 000 = 13 600 € HT.

« Le crédit-bail est intéressant, s'exclame Mme Baglio, on prend ! »

Remarques

Le dépôt de garantie n'est pas un coût, puisqu'il est restitué à l'échéance. De plus, le coût est calculé HT, car la TVA est récupérée sur ces coûts.

On constate que la solution du crédit-bail est moins chère (13 600 < 18 000). Un an suffira pour être indemnisé par l'assurance et Famiglia Baglio pourra continuer à ouvrir le restaurant durant ce laps de temps. La contrepartie est d'utiliser du mobilier qui n'est pas neuf, mais qui suffira pour l'exploitation pendant la durée envisagée.

Notons néanmoins que ce cas est peu courant. En général, le crédit-bail est plus onéreux que l'achat direct. Il est quand même très utilisé par les entreprises pour la souplesse qu'il donne et pour le fait qu'il faut peu de fonds pour investir avec cette solution.

Cas Baglio
Écritures dans la comptabilité

Début du contrat :

Nos de compte	Début du contrat	Débit	Crédit
275 512	Dépôts et cautionnements Banque *contrat de crédit-bail*	2 000	 2 000

À la fin de chaque mois pendant 1 an :

Nos de compte	à la fin de chaque mois	Débit	Crédit
6122 44566 512	Crédit-bail mobilier TVA déductible Banque *Prélèvement bancaire*	550 110	 660

HT : 550 €
TVA (20 %) : $550 \times 0{,}2 = 110$ €
TTC : 660 €

À la fin du contrat :

Nos de compte	Fin du contrat	Débit	Crédit
512 275	Banque Dépôts et cautionnements *contrat de crédit-bail*	2 000	 2 000

Nos de compte	Fin du contrat : exercice de l'option	Débit	Crédit
2184 44562 404	Mobilier TVA déductible sur achats d'immob. Fournisseurs d'immob. *Facture*	7 000 1 400	 8 400

3 EXERCICES ET APPLICATIONS

Exercice 1
Cas Terrasson

L'entreprise Terrasson commercialise des articles de jardinage. Elle souhaite acquérir un nouveau chariot élévateur pour ses entrepôts. La facture est la suivante :

- Date : 18/07.
- Montant : 9 300 € HT.
- Frais de conditionnement : 10 %
- Escompte de 2 % sur l'ensemble pour paiement comptant.

Le 05/07, une avance de 2 000 € avait été versée et enregistrée en comptabilité.
La TVA est à 20 %.

Travail à faire
1) Quelle est la valeur d'origine de cette immobilisation ?
2) Enregistrer au journal l'opération d'acquisition de Terrasson en justifiant tous les calculs.

Exercice 2
Cas Riviera

L'entreprise Riviera exploite une flotte de bateaux de plaisance afin de proposer à ses clients des visites et des croisières sur les grands fleuves français. Son parc d'actifs immobilisés étant vieillissant, elle a obtenu des fonds importants de ses actionnaires pour financer de nouvelles acquisitions. L'exercice comptable se termine le 31/12. Le taux de TVA à appliquer est le taux normal.
Voici les acquisitions envisagées :

- 18/04 : achat de deux bateaux de plaisance (considérés comme du matériel). Montant HT par bateau : 120 000 € HT. Frais de livraison pour les deux bateaux : 2 000 € HT. Paiement à 60 jours fin de mois.
- 20/04 : achats d'outillage pour les menues réparations à bord : 520 € HT, remise 10 %. Escompte 5 % pour paiement comptant.
- 25/04 : Riviera récupère gratuitement un lot de bouées (considéré comme des aménagements du matériel) en bon état qui peut équiper sa flotte de bateaux. Montant estimé : 900 € HT.

■■■

■■■

- 30/04 : Riviera commence la construction d'un port pour stocker les bateaux en réparation, au lieu de les envoyer chez des prestataires. Les coûts prévus sont les suivants :
  - o matériaux et fournitures : 130 000 € HT ;
  - o matériel et outillage : 180 000 € HT ;
  - o main-d'œuvre extérieure : 190 000 € HT.

On suppose que les travaux sont terminés le 31/08 et que les coûts sont tous engagés par contrat le 30/04 et réglés le jour même.

Travail à faire

1) Préciser pour chaque opération de quel type d'acquisition il s'agit.

2) Enregistrer au journal les opérations d'acquisition de Riviera en justifiant tous les calculs.

Exercice 3
Cas Clic Image

La société Clic Image, spécialisée dans les services photos aux particuliers, veut créer un nouveau logiciel de traitement d'images accessible en ligne pour les clients qui commandent en ligne des photos ou des albums.

Données sur les coûts de la création du logiciel :

- Début de l'élaboration du logiciel : 14/10.
- Conception : 800 € HT.
- Études et tests : 500 € HT.
- Codage : 2 300 € HT.
- Licence et propriété industrielle : 900 € HT.
- Fin de l'élaboration du logiciel : 18/11.

Travail à faire

1) Quelle est la valeur d'origine du logiciel ?

2) Enregistrer au journal les écritures de création de ce logiciel.

Exercice 4
Cas Aqualight

L'entreprise Aqualight est spécialisée dans le traitement des eaux usées et des déchets. Pour renouveler ses contrats auprès des municipalités du département, elle souhaite

■■■

acquérir deux nouveaux équipements de dépollution et d'assainissement de l'eau. Voici leurs caractéristiques :

- Machine à dépolluer : prix neuf 45 000 € HT
- Machine d'assainissement : prix neuf 26 000 € HT

Aqualight a la possibilité d'utiliser ces machines en crédit-bail au lieu de les acheter. Les caractéristiques des contrats de crédit-bail sont les suivantes :

Contrat n° 1 : machine à dépolluer

- Durée du contrat : 1 an
- Montant HT mensuel des loyers de crédit-bail : 1 350 € HT
- Montant du dépôt de garantie : 10 % du prix HT neuf
- Prix d'exercice de l'option d'achat à l'échéance : 25 000 € HT

Contrat n° 2 : machine d'assainissement

- Durée du contrat : 1 an
- Montant HT mensuel des loyers de crédit-bail : 1 100 € HT
- Montant du dépôt de garantie : 5 % du prix HT neuf
- Prix d'exercice de l'option d'achat à l'échéance : 15 000 € HT

Travail à faire

1) Calculer le coût de la détention en direct et du contrat de crédit-bail pour chaque machine. Quelle option est la meilleure pour chaque cas, sachant que Aqualight veut posséder les machines dans son patrimoine ?

2) Enregistrer pour chaque machine les écritures comptables de la solution retenue, en supposant que les acquisitions et les contrats de crédit-bail se font au 01/02.

Exercice 5
Cas Un Toit pour tous

L'association Un Toit pour tous aide les sans-abris en proposant un accueil de jour dans ses locaux et en logeant temporairement les personnes dans des logements inoccupés. Cette association a opté pour une comptabilité en partie double.

M. Rodrigue, son Président, a un problème urgent à régler. L'association doit assurer une meilleure propreté des locaux, mais le personnel manque (et embaucher coûte cher !). Il est donc décidé d'investir dans des robots de nettoyage professionnels, capables d'assurer l'aspiration des poussières et le balayage humide. Les caractéristiques des robots sont les suivants :

- 4 robots MEGACLEAN. Montant Brut unitaire : 2 500 €, remise de 5 %
- 3 robots DAYCLEANING. Montant brut : 1 500 €, remise de 8 %

■■■

Pour financer ces acquisitions, la demande de subvention n'a rien donné. M. Rodrigue s'est donc démené pour réaliser une campagne d'appel aux dons. Il a pu collecter 15 000 €.

Travail à faire

1) Calculer le coût total de l'investissement dans les 7 robots. Un Toit pour tous a-t-elle les fonds pour les acheter ?

2) Passer les écritures d'acquisition possibles des robots, sachant qu'ils sont tous acquis à crédit le 17/09.

Exercice Progiciel

Charger le dossier « Chapitre 6 » dans Extension → Dossier Démo

L'activité de l'entreprise se centre sur la production et la vente de fruits et légumes. La TVA est au taux normal.

L'entreprise projette d'investir et doit enregistrer un certain nombre d'acquisitions. Ces acquisitions seront financées par un emprunt bancaire de 50 000 € obtenu le 18/11. Voici les acquisitions envisagées :

- 20/11 : achat d'un nouveau tracteur d'occasion. Montant : 24 500 € HT. Frais de réparation et de nettoyage : 1 500 € HT. Paiement à 60 jours fin de mois.
- 23/11 : achat d'un terrain non constructible. Montant : 9 000 € HT. Frais d'expertise et de transaction : 1 000 € HT. Paiement comptant.
- 27/11 : achat d'une charrue. Montant 7 800 € HT. Remise 10 %. Escompte 5 % pour paiement comptant.

Travail à faire

1) Sortir le bilan avant les acquisitions au 01/11. Commenter.

2) Enregistrer l'emprunt du 18/11 et les acquisitions qui suivent aux bonnes dates.

3) Sortir le bilan au 30/11. Commenter l'évolution des grandes masses du bilan (capitaux propres, dettes, actifs immobilisés, actifs circulants).

Application 1
Cas Fleuram

Suite au succès des ateliers de confection de cadeaux, M. et Mme Jolie décident de réaménager le nouveau magasin de façon plus durable.

« L'aménagement avance bien ! se réjouit M. Jolie. Mais que c'est cher de s'équiper ! Les devis pour l'ameublement et les équipements sont faramineux !

■■■

– Pourquoi ne pas fabriquer vous-mêmes vos installations ? commenté-je. Vous pouvez aussi récupérer d'occasion des meubles qui, une fois décorés, feront très bien l'affaire. Embaucher un bricoleur ne vous coûtera pas trop cher.
– Bonne idée ! s'écrit Mme Jolie. »

Fleuram a besoin pour le nouveau magasin des aménagements suivants : comptoir, présentoirs, bacs de culture et de conservation des fleurs et des compositions florales, système de climatisation. M. et Mme Jolie décident d'acquérir neuf le système de climatisation pour bénéficier d'une garantie efficace. Le comptoir et les présentoirs seront fabriqués par leurs soins. Le reste sera trouvé d'occasion.

Voici les données de l'équipement du magasin :

- 09/12 : achat du système de climatisation. Montant brut : 12 000 € HT, frais d'installation, de pose et de réglages de 2 000 € HT. Paiement prévu dans 15 jours.
- 10/12 : achats des éléments pour fabriquer les présentoirs et le comptoir en bois (bois, visserie, peinture et accessoires). Brut HT : 2 800 € HT, remise de 5 %, paiement comptant.
- 12/12 : Mme Jolie trouve sur Leboncoin quelques bacs de culture et de conservation. Montant TTC : 900 €.
- 13/12 : la jardinerie de l'entrée du périphérique ferme ses portes, car son dirigeant part à la retraite. Elle donne une partie de son matériel. Fleuram récupère ainsi gratuitement d'autres bacs. Valeur vénale des bacs récupérés : 1 400 € HT.
- 17/12 : M. et Mme Jolie ont fini de construire et d'installer les présentoirs et le comptoir.

Travail à faire

1) Calculer la valeur d'origine de chaque immobilisation et préciser pour chaque immobilisation la nature de l'acquisition (à titre onéreux, par auto-production ou à titre gratuit).

2) Enregistrer, en justifiant tous les calculs, les opérations liées à l'équipement du magasin.

Application 2
Cas Jubéo

J'arpente avec M. Joué l'usine de Jubéo. Le matériel, flambant neuf et imposant, est prometteur et va assurer une régularité de la production pendant longtemps. Toutefois, tout ceci coûte extrêmement cher en maintenance et est surdimensionné compte tenu de la demande à court-terme…

« La demande et le chiffre d'affaires augmentent, mais lentement, dis-je après avoir consulté d'un coup d'œil les derniers chiffres. L'usine risque de tourner longtemps à faibles capacités. Je me demande s'il ne faut pas procéder à quelques ajustements.

– Que proposez-vous ? demande Mme Joué.

– De vendre une partie des machines et de les remplacer par du matériel loué en crédit-bail. Ainsi, cela assainira encore votre bilan, et vous pouvez adapter votre outil de production de façon souple. »

Le total des machines et installations est de 145 000 €. A priori, Jubéo peut ne garder que 45 000 € de machines en pleine propriété, et compléter sa capacité productive par un contrat de crédit-bail auprès du fournisseur Braxam. Caractéristiques du crédit-bail :

- Montant HT mensuel des loyers : 1 000 € ; paiement le 1er de chaque mois.
- Coût de maintenance HT des machines en crédit-bail : 500 € ; paiement le 1er de chaque mois.
- Dépôt de garantie : 5 000 €
- Durée du contrat : 2 ans.
- Date de signature du contrat : 01/12/N.
- Prix d'exercice de l'option en fin de contrat : 40 000 € HT

Travail à faire

1) Expliquer quelles sont les conséquences du changement (vendre 100 000 € d'immobilisations pour les remplacer par des machines en crédit-bail) sur le bilan et le compte de résultat.

2) Calculer le coût du crédit-bail. Est-il intéressant compte tenu de la valeur des machines que le contrat remplace ?

3) Enregistrer les écritures relatives au contrat de crédit-bail aux dates suivantes, en supposant que l'option est exercée :

- ***01/12/N***
- ***01/12/N+2***

7 CHAPITRE

La révision comptable de fin d'exercice et la clôture de l'exercice

La magie de Noël… Le champagne pétille dans les verres.

« Bravo ! s'exclame M. Joué. Nous finissons l'année sur une belle note d'optimisme. Il y a eu des moments durs, mais nous avons sauvé Jubéo !

– Tout n'est pas gagné, dis-je, mais le plus dur est fait. Il reste maintenant à conforter les ventes et les entrées de trésorerie pour l'année à venir. Auparavant, il faut bien tirer toutes les leçons de l'exercice écoulé avec l'inventaire qui arrive. Il y a encore du travail ! »

1 LA NOTION D'INVENTAIRE : FAIRE UN ÉTAT DE SA GESTION SUR L'EXERCICE

L'inventaire consiste à contrôler à la fin de l'exercice comptable l'existence et la valeur des actifs et des passifs et de procéder à des ajustements.

L'entreprise définit librement la fin de son exercice comptable, à condition que l'exercice dure un an. À la fin de l'exercice, l'entreprise va élaborer les états de synthèse au moyen du processus comptable (*cf.* figure 2.15). Mais la prise en compte de l'inventaire va rallonger le processus.

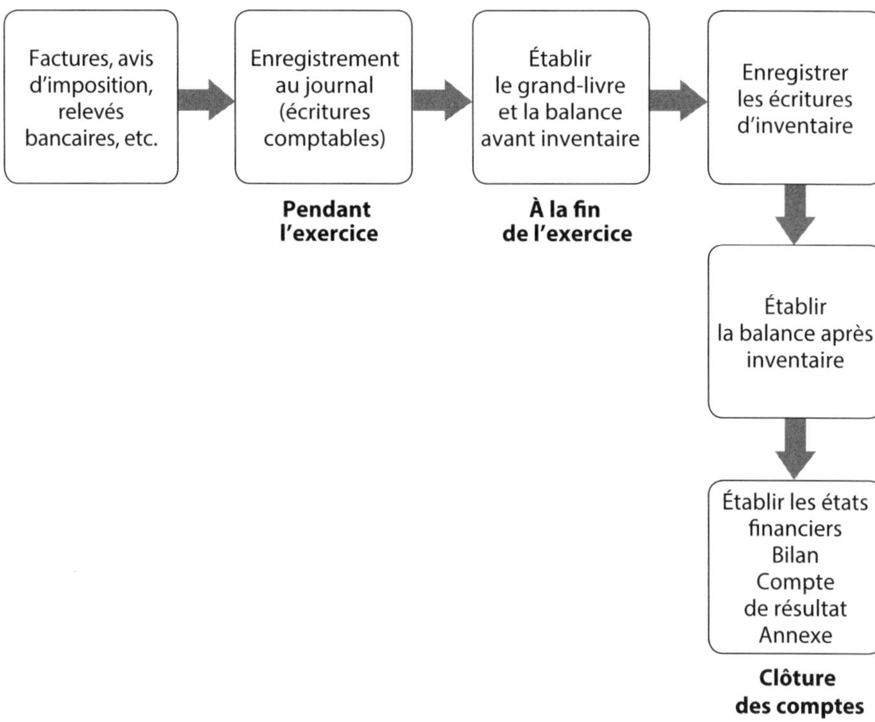

Figure 7.1 – Processus comptable avec inventaire

DÉTAILS DU PROCESSUS

Étape 1. Le processus comptable se déroule normalement jusqu'à la balance :

- Enregistrements au journal pendant l'exercice.
- À la fin de l'exercice, établissement du grand-livre et de la balance. Comme l'inventaire n'a pas eu lieu, on l'appelle **balance avant inventaire**.

Étape 2. L'inventaire physique (ou extra-comptable) : il s'agit de recenser tous les éléments actifs et passifs dans la réalité de l'entreprise. Exemple : compter les marchandises dans les entrepôts, recenser toutes les dettes fournisseurs existantes.

Étape 3. Les écritures d'inventaire : l'inventaire extra-comptable va faire ressortir des manques, des ajustements, qu'il convient de prendre en compte au journal par des écritures d'inventaire, ou d'ajustement. Ces écritures prennent en compte tout ce qu'a relevé l'inventaire extra-comptable et peut porter sur l'actif, le passif, les charges et les produits. L'ensemble de ces ajustements est consigné dans un document particulier, le **livre d'inventaire**.

Étape 4. La balance après inventaire : les écritures d'inventaire sont intervenues sur des comptes, donc on recalcule la balance avec ces modifications pour obtenir **une balance corrigée après inventaire**.

Étape 5. Le calcul du résultat : le résultat net (produits – charges) peut être calculé et les comptes 6 et 7 soldés (on reverra cela précisément). Ce résultat est le **résultat net de l'exercice avant impôt** sur les sociétés, et non réparti. Nous verrons comment calculer l'impôt sur les sociétés et affecter ce résultat.

Étape 6. Les états financiers : une fois le résultat calculé, on établit à partir de la balance après inventaire le bilan et le compte de résultat. Pour cela, on reclasse les comptes à leur place dans les états financiers (*cf.* chapitre 2). On reporte ensuite le résultat net de l'exercice au passif du bilan, en compte 120 ou 129 en fonction de son signe.

Étape 7. La clôture des comptes : l'exercice est terminé. On clôture les comptes pour les ouvrir sur le nouvel exercice. On reverra en fin de chapitre 7 le détail de la clôture.

L'enjeu est de savoir comment effectuer les ajustements à constater en comptabilité à l'inventaire. Nous allons étudier ces ajustements par type d'objet comptable.

2 | UN ÉTAT DE L'ACTIF : LES IMMOBILISATIONS

Les immobilisations sont entrées en comptabilité à leur **valeur d'origine**, la plupart du temps lors d'une acquisition pendant l'exercice. Cette valeur, nous l'avons vu, reste en permanence en comptabilité jusqu'à la cession de l'immobilisation et elle est immuable (on ne la modifie pas).

À l'inventaire, il va falloir néanmoins ajuster cette VO en tenant compte de deux sources possibles de perte de valeur : l'amortissement et la dépréciation.

LES AMORTISSEMENTS

Définition et obligations comptables

Amortissement : c'est la constatation en comptabilité d'une perte de valeur résultant de l'utilisation probable du bien, utilisation qui entraîne une usure irréversible de l'immobilisation. Cette usure permet d'utiliser et de répartir les avantages économiques futurs d'une immobilisation sur plusieurs exercices.

Plusieurs obligations comptables sont liées à l'amortissement des immobilisations :

- L'amortissement des immobilisations est obligatoire (art 322-5 du PCG).
- L'amortissement est réalisé à l'inventaire (art L123-18 du Code de commerce).

Attention

Seules les immobilisations corporelles et incorporelles sont l'objet d'amortissements. Les stocks, les créances et les titres et avoirs financiers ne sont pas amortissables.

Remarque

Parmi les immobilisations, il y a :

- Des **immobilisations amortissables** : ce sont des biens durables qui peuvent s'user dans le temps.
- Des immobilisations **non amortissables** : ce sont des biens durables pour lesquels la détention et/ou l'utilisation n'entraîne pas d'usure. Les immobilisations non amortissables ne peuvent faire l'objet d'amortissement et ne peuvent que se déprécier.

Exemples : un terrain nu, des immobilisations financières (titres financiers immobilisés).

Définitions des éléments comptables liés à l'amortissement

Nous considérons ici les immobilisations amortissables uniquement. La prise en compte de l'amortissement va nous conduire à définir plusieurs éléments de calcul :

- La **valeur d'origine** (VO) : nous l'avons déjà étudiée dans le chapitre 6.
- Le **cumul des amortissements** (CA) réalisés depuis l'entrée en comptabilité : c'est la somme des montants d'amortissement réalisées depuis l'origine.
- La **valeur nette comptable** : c'est la valeur à une date précise nette des pertes de valeur de l'immobilisation.

On a :

$$VNC = VO - CA$$

EXEMPLE

Un véhicule a été acquis pour 24 000 € HT il y a 2 ans. L'entreprise l'amortit pour 2 400 € par an. Quelle est la valeur nette comptable de ce véhicule aujourd'hui ?

VO = 24 000 €

CA = 2 400 + 2 400 = 4 800 €

VNC = VO – CA = 24 000 – 4 800 = 19 200 €

Représentation de ces valeurs

Au bilan, la valeur d'origine (VO), le cumul des pertes de valeurs de l'immobilisation (CA/CD, cumul d'amortissement et de dépréciation) et la valeur nette comptable (VNC) sont représentés dans trois colonnes distinctes. Ces colonnes vont concerner l'ensemble de l'actif, c'est-à-dire également les stocks, les créances et les avoirs financiers.

Actif				Passif	
	VO	CA/CD	VNC		
				Capital	30 000
Véhicule	24 000	4 800	19 200		

Figure 7.2 – La VO, le cumul de pertes de valeurs et la VNC dans le bilan à l'actif

À chaque inventaire, lors de la constatation d'un amortissement au titre de l'exercice, la colonne CA/CD augmente et donc la VNC diminue.

Comment amortir une immobilisation ?

Il faut déterminer son usure, c'est-à-dire la consommation dans le temps des avantages économiques futurs (AEF) de l'immobilisation. Nous avons donc besoin de connaître :

- La durée sur laquelle amortir. On l'appelle la **durée d'utilisation de l'immobilisation**.
- Le montant à amortir. On l'appelle la **base amortissable**.
- Le rythme de l'amortissement dans le temps. C'est la **modalité d'amortissement**. Il existe 3 modalités d'amortissement : **linéaire, non-linéaire et dégressive**.
- Nous ne verrons, dans le cadre de cet ouvrage, que la **modalité d'amortissement linéaire**. En amortissement linéaire, on considère que les AEF sont consommés régulièrement dans le temps.

> **EXEMPLE**
>
> Une machine a une base amortissable 15 000 €. On l'amortit en linéaire sur 5 ans. Chaque année, il faudra donc constater un amortissement de $\frac{15\,000}{5} = 3\,000$ €.

Résumé

Pour amortir une immobilisation, il faut se poser les questions suivantes :

- Sur quel montant amortir ?
- Sur quelle durée d'utilisation ?
- Selon quelles modalités ?

Présentation des éléments liés à l'amortissement d'une immobilisation

On présente les calculs dans un **plan d'amortissement**. C'est un tableau à plusieurs colonnes où l'on recense :

- Les périodes concernées (P) : on les déduit de la durée d'utilisation ; elles sont exprimées en années.
- La base amortissable restante (BAR) : à chaque période, on fait un état de ce qui a déjà été amorti et du restant à amortir jusqu'à la dernière période.

$$BAR_t = BAR_{t-1} - AA_{t-1}$$

- Les annuités d'amortissement (AA) : c'est le montant d'amortissement constaté sur la période en cours. En amortissement linéaire, on calcule l'annuité de la période t en divisant la base amortissable restante par la durée restante.

$$AA_t = \frac{BAR_t}{\text{durée restante à partir de la période t}}$$

- Le cumul des annuités d'amortissement (CA) depuis l'entrée en comptabilité :

$$CA_t = \sum_{k=1}^{t} AA_k$$

- La valeur nette comptable (VNC) : on peut la calculer de deux façons :

$$VNC_t = VO - CA_t$$

ou

$$VNC_t = VNC_{t-1} - AA_t = BAR_t - AA_t$$

(car $BAR_t = VNC_{t-1}$; le restant à amortir d'une période est la VNC de la période précédente, sauf s'il y a une valeur résiduelle – cas qui n'est pas traité dans cet ouvrage)

Cas Jubéo

Jubéo a acquis le 01/01/N une nouvelle imprimante professionnelle multifonctions pour 7 000 € HT (TVA au taux normal). Il est prévu que l'imprimante ait une durée d'utilisation de 5 ans et qu'elle sera amortie en linéaire.
Le plan d'amortissement sera le suivant :

P	BAR	AA	CA	VNC
1	7 000	1 400	1 400	5 600
2	5 600	1 400	2 800	4 200
3	4 200	1 400	4 200	2 800
4	2 800	1 400	5 600	1 400
5	1 400	1 400	7 000	0

Calculs de la 1re ligne et passage à la deuxième ligne :

- Au début de la période 1 : la base amortissable restante est de 7 000 € (VO, car rien n'a encore été amorti).
- L'annuité d'amortissement à constater en période 1 est :

$$AA_1 = \frac{BAR_1}{\text{durée restante à partir de la période 1}} = \frac{7\,000}{5} = 1\,400\ €$$

- En fin de période 1 : on constate donc AA1 = 1 400 €. Le cumul d'amortissement à l'inventaire passe de 0 à 1 400 €. La VNC est :

$$VNC_1 = BAR_1 - AA_1 = 7\,000 - 1\,400 = 5\,600\ €$$

- En début de période 2, comme $BAR_2 = VNC_1$, on a $BAR_2 = 5\,600$ €. Cette base amortissable sera amortie sur la durée restante, soit 4 ans.

D'où :

$$AA_1 = \frac{BAR_2}{\text{durée restante à partir de la période 2}} = \frac{5\,600}{4} = 1\,400\ €$$

Et ainsi de suite, jusqu'à la fin du tableau. Le plan d'amortissement donne ainsi la valeur nette comptable et l'annuité d'amortissement à constater pour chaque période.

Prise en compte d'un prorata temporis

Pour affiner la constatation de l'amortissement en comptabilité, on peut tenir compte du fait que l'immobilisation est acquise en cours d'année. L'usure de l'immobilisation commence à la date de mise en service de l'actif. Cette date est en général au cours de l'exercice. Il faut donc un ***prorata temporis*** sur la première et la dernière annuité d'amortissement.

Calcul du *prorata temporis* : il se calcule en jours, en considérant pour l'année 12 mois de 30 jours et en comptant le jour de mise en service comme étant amorti.

EXEMPLES

En supposant une fin d'exercice au 31/12/N :

- Mise en service le 18 juin : *prorata temporis* = (13 + 6 × 30) / 360 = 193 /360.
- Mise en service le 05 avril : *prorata temporis* = (26 + 8 × 30) / 360 = 266 / 360.

Pourquoi commencer à compter le prorata à la mise en service et pas à la date d'acquisition ? Car dans un souci de bien représenter la réalité économique (principe de la réalité sur l'apparence, cf. Chapitre 1), on va faire commencer l'amortissement (donc la consommation des AEF) quand l'immobilisation commence à être utilisée.

Cas Jubéo

Jubéo acquiert une autre imprimante laser multifonctions le 22/09/N. Le coût d'acquisition est de 9 500 € HT. Elle sera amortie sur 5 ans. Les AEF de l'imprimante sont consommés de façon régulière dans le temps (amortissement linéaire).
Le plan d'amortissement est le suivant :

P	BAR	AA	CA	VNC
1	9 500,00	522,50	522,50	8 977,50
2	8 977,50	1 900,00	2 422,50	7 077,50
3	7 077,50	1 900,00	4 322,50	5 177,50
4	5 177,50	1 900,00	6 222,50	3 277,50
5	3 277,50	1 900,00	8 122,50	1 377,50
6	1 377,50	1 377,50	9 500,00	0,00

Remarquons qu'il nous faut 6 périodes et non 5 si nous avons un prorata temporis. En effet, si la première annuité n'est pas complète, pour amortir sur 5 ans, il faut une 6e période pour amortir le complément de la première annuité.

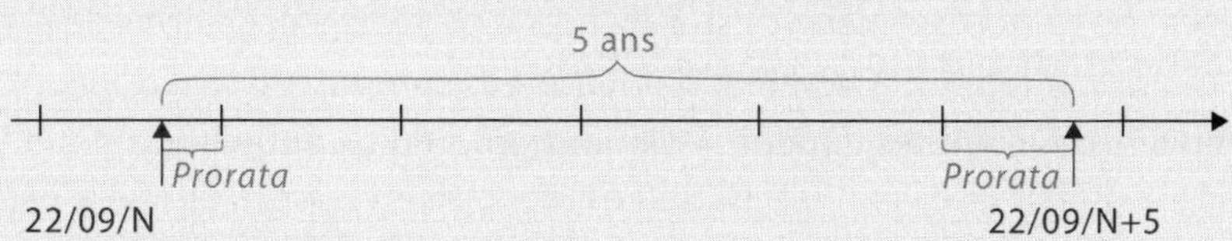

AA1 : 9 500 / 5 × (9 + 3 × 30)/360 = 522,50 €
AA2 à AA5 : 9 500 / 5 = 1 900 €
AA6 : 1 900 – 522,5 = 1 377,50 €

Enregistrement comptable de l'amortissement

L'amortissement constaté à l'inventaire (l'AA) est une perte de valeur. On va donc constater l'amortissement dans deux types de compte (partie double) :

- Une charge, en compte **6811 Dotation aux amortissements** : on constate une perte de valeur « en plus », un appauvrissement en plus. Si on constate un appauvrissement « en moins », on utilise un compte de produit **7811 Reprise sur amortissements**.

Le système de dotations/reprises est utilisé pour l'amortissement des immobilisations, mais aussi pour la constatation des dépréciations et des provisions, que l'on verra à la suite de ce chapitre. Le principe général est le suivant :

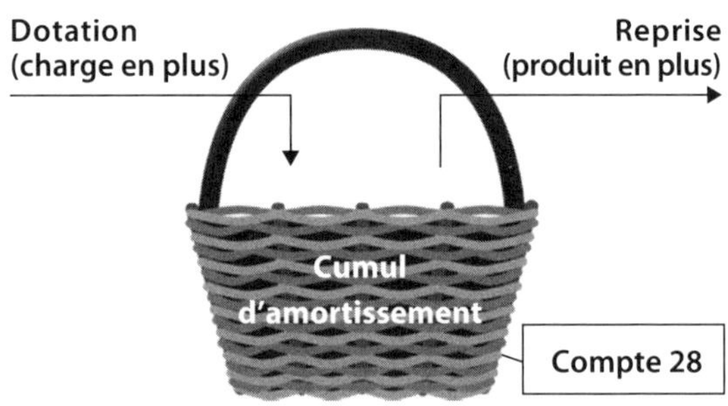

Figure 7.3 – Principe du système de dotation/reprise

- Cette charge va alimenter un compte de cumul d'amortissement **28 Amortissements**, qui est un compte rattaché au compte de l'immobilisation. **Le compte de cumul d'amortissement d'une immobilisation a un 8 en 2e position**. Son montant vient en déduction de la VO de l'immobilisation.

On appelle les comptes 28 des comptes d'**actif soustractif**, car ils comptabilisent de l'amortissement, c'est-à-dire de la perte de valeur, donc de la valeur en moins par rapport à la valeur d'origine. Les comptes 28 fonctionnent donc à l'envers des comptes 2 (débit = diminution, crédit = augmentation).

Cas Jubéo

L'imprimante de 9 500 € HT de Jubéo sera enregistrée de la façon suivante dans l'actif immobilisé :

D 2183	C
9 500	

D 28183	C
	522,5
	1 900
	1 900
	1 900
	1 900
	1 377,5

Le compte **2183 Matériel informatique** contient la valeur d'origine. On ne touchera plus ce compte jusqu'à la cession. Il augmente au débit et diminue au crédit.

Le compte **28183 Cumul d'amortissement des matériels informatiques** est construit sur le compte 2183. On a inséré un 8 en deuxième position dans le numéro du compte qui contient la VO. Ce compte comptabilise les cumuls d'amortissement CA effectués depuis l'origine et fonctionne donc en miroir du compte 2183. Il augmente au crédit et diminue au débit.

Au journal, cela donne :

N^os de compte	22/09/N	Débit	Crédit
2183	Matériel informatique	9 500	
44562	TVA déductible	1 900	
512	Banque		11 400
	Facture		

N^os de compte	31/12/N	Débit	Crédit
68112	Dotations aux amortissements des immob. corporelles	522,5	
28183	Cumul d'amortissement		522,5
	Livre d'inventaire		

À chaque inventaire le 31/12, on passe la même écriture avec les données du tableau d'amortissement.

LES DÉPRÉCIATIONS

Définition et analyse

Une dépréciation est la constatation d'une perte de valeur résultant d'un événement autre que l'utilisation normale du bien. Il peut y avoir deux types de raison à une dépréciation :

- Une raison intrinsèque liée à l'immobilisation : une diminution de la valeur d'usage du fait des caractéristiques de l'immobilisation, une utilisation anormale des AEF.
- Une raison extérieure : l'obsolescence, des performances inférieures aux attentes du fait de contraintes extérieures.

Pour savoir s'il convient de déprécier une immobilisation, il faut effectuer un **test de dépréciation**. On ne traitera ici que du cas des immobilisations non amortissables[1].

Principe du test de dépréciation

On va comparer deux valeurs pour savoir s'il faut déprécier la valeur de l'immobilisation, l'apprécier ou la laisser inchangée :

- La **valeur nette comptable** (VNC) à la date de l'inventaire.

et

- La **valeur actuelle** (VA) de l'immobilisation. C'est le maximum entre la valeur vénale (VV) et la valeur d'usage (VU) de l'immobilisation.

La valeur vénale est la valeur donnée par le prix de marché. Ce prix résulte de la confrontation de l'offre et de la demande sur un marché qui fonctionne dans de bonnes conditions de concurrence.

Exemple : la valeur vénale d'une maison est le prix qu'un acheteur est prêt à acquitter pour cette maison et qu'un vendeur est prêt à recevoir s'il vend cette maison.

1. Il est tout à fait possible, pour une immobilisation amortissable, de prendre en compte à la fois son amortissement et une dépréciation. Ce cas est néanmoins plus technique et sort du cadre de cet ouvrage.

La valeur d'usage est la somme actualisée des avantages économiques futurs (AEF) de l'immobilisation.

Exemple : une voiture de marque 2CV a une valeur vénale très faible (de l'ordre de 3 000 € d'occasion). En revanche, c'est une voiture qui a un faible coût d'entretien et qui peut rouler longtemps et faire beaucoup de kilomètres. Sa valeur d'usage peut être estimée à 10 000 €[1], du fait de sa capacité de déplacement et de sa durabilité.

Le test donne 2 cas :

- **Si VNC > VA** : on va déprécier l'immobilisation de la différence VNC – VA.
- **Si VA > VNC** : on va apprécier l'immobilisation de la différence VA – VNC, **à condition que la VA reste sous la VO** (principe de coût historique : on ne peut pas apprécier la valeur d'une immobilisation au-delà de sa VO).

Cas Jubéo

Un terrain a été acquis par Jubéo pour y implanter un entrepôt. Ce terrain a une VO de 220 000 €.

- Le 31/12/N, sa valeur vénale est estimée à 185 000 €, sa valeur d'usage est estimée à 200 000 €.

Calcul de la VA : VA = Max[VU ; VV] = 200 000 €.
Comparaison avec la valeur nette comptable : 220 000 > 200 000, VNC > VA.
Il faut donc déprécier l'immobilisation de 20 000 €. La nouvelle VNC de l'immobilisation est donc 220 000 – 20 000 = 200 000 €.

- Le 31/12/N+1, la valeur vénale est de 210 000 €, la valeur d'usage est de 195 000 €.

VA = Max [210 000 ; 195 000] = 210 000 €.
La VNC est de 200 000 €. On a VNC < VA, on reprend donc 210 000 – 200 000 = 10 000 €.
On peut reprendre et réapprécier l'immobilisation de 200 000 à 210 000 €, car on reste sous la valeur d'origine de l'immobilisation (VO = 220 000 €).

1. Se référer à un ouvrage de Finance d'entreprise pour comprendre comment estimer ce type de valeur.

Enregistrement comptable

Nous allons utiliser le même système de dotations/reprises que pour l'amortissement :

- Déprécier signifie effectuer une dotation aux dépréciations, en compte **6816 Dotation aux dépréciations des immobilisations**.
- Apprécier signifie effectuer une reprise sur dépréciations, en compte **7816 Reprise sur dépréciations des immobilisations**.

La contrepartie de la dotation ou de la reprise sera, comme dans l'amortissement, un compte de cumul de dépréciation **29 Dépréciation**. Ce type de compte a **un 9 en deuxième position**, et est un actif soustractif comme les comptes 28. Les comptes 29 fonctionnent donc en miroir des comptes 2 et leur contenu figure à l'actif dans la colonne des cumuls d'amortissement et de dépréciation (*cf.* figure 7.2).

En résumé :

- **Pour une dotation** : on débite le compte 6816, on crédite le compte 29.
- **Pour une reprise** : on débite le compte 29, on crédite le compte 7816.

Cas Jubéo

En reprenant le cas du terrain acquis par Jubéo, précédemment vu :

N^os de compte	31/12/N	Débit	Crédit
6816	Dotations aux dépréciations des immob. corporelles	20 000	
2911	Cumul de dépréciation		20 000
	Livre d'inventaire		

N^os de compte	31/12/N+1	Débit	Crédit
2911	Cumul de dépréciation des terrains	10 000	
7816	Reprise sur dépréciations		10 000
	Livre d'inventaire		

CÉDER DES IMMOBILISATIONS

Céder une immobilisation consiste à **désinvestir**. Cela peut se faire sous trois formes :

- la vente de l'immobilisation ;
- la mise au rebut de l'immobilisation ;
- la destruction, le vol ou la perte de l'immobilisation.

Enregistrement comptable

On va enregistrer à la fois l'enrichissement lié à la cession, s'il existe[1], et l'appauvrissement lié à la cession, du fait de la sortie de l'actif d'une valeur positive.

Particularité

Comme la cession se fait au cours de l'exercice, il ne faut pas oublier de constater l'usure de l'exercice courant qui n'a pas encore été comptabilisée sous la forme d'un amortissement.

- Enrichissement lié à la vente :
  - on crédite un compte **775 Produits de cession des éléments d'actifs cédés (PCEAC)** ;
  - on crédite un compte **44571 TVA collectée** ;
  - on débite un compte **462 Créances sur cession d'immobilisation**, ou un compte **512 Banque**.
- Comptabilisation de l'amortissement de la période, non encore enregistré : on passe une dotation aux amortissements (compte **6811** débité, compte **28** crédité), en faisant un *prorata temporis* sur la période comptable en cours.
- Appauvrissement lié à la sortie du patrimoine de l'actif : on efface de la comptabilité tous les éléments concernant l'immobilisation :
  - on débite un compte **675 Valeur comptable des éléments d'actifs cédés (VCEAC)** ;
  - on débite un compte **28 Amortissements** ;
  - éventuellement on débite un compte **29 Dépréciation** ;
  - on crédite un compte **20** ou **21**.

1. Dans le cas d'une mise au rebut, d'un vol, d'une destruction ou d'une perte, il n'y a pas d'enrichissement. On n'enregistrera que la perte de valeur de l'actif.

Mise en évidence de la plus ou moins value de cession

En rapprochant les comptes 775 et 675, on peut voir si le désinvestissement fait gagner ou perdre de l'argent à l'entreprise.

Deux cas sont possibles :

- si le montant du 775 est supérieur au montant du 675, c'est une **plus-value de cession** ;
- si le montant du 775 est inférieur au montant du 675, c'est une **moins-value de cession**.

Cas Jubéo

Jubéo décide de revendre l'imprimante achetée 9 500 € HT le 22/09/N. Sa durée d'utilisation avait été fixée à 5 ans et ce matériel est amorti en linéaire. Le tableau d'amortissement avait été établi précédemment. Pour rappel :

P	BAR	AA	CA	VNC
1	9 500,00	522,50	522,50	8 977,50
2	8 977,50	1 900,00	2 422,50	7 077,50
3	7 077,50	1 900,00	4 322,50	5 177,50
4	5 177,50	1 900,00	6 222,50	3 277,50
5	3 277,50	1 900,00	8 122,50	1 377,50
6	1 377,50	1 377,50	9 500,00	0,00

L'imprimante est revendue le 15/07/N+3 pour 6 600 € HT (TVA au taux normal).
À la date du 15/07/N+3 :

• Enregistrement du produit de cession :

HT : 6 600 €
TVA 20 % : 6 600 × 0,2 = 1 320 €
TTC : 6 600 + 1 320 = 7 920 €

N^os de compte	15/07/N+3	Débit	Crédit
462	Créances sur cessions d'immobilisations	7 920	
44562	TVA collectée		1 320
775	PCEAC		6 600
	Facture		

■■■

▪▪▪

- **Constatation de l'amortissement complémentaire de la période et calcul du cumul d'amortissement au 15/07/N+3 :**

Amortissement pour N+3 : normalement, on dote pour 1 900 € au 31/12/N+3. Ici, du fait de la vente, l'amortissement courra uniquement du 01/01/N + 3 au 15/07/N +3.

N^{os} de compte	15/07/N+3	Débit	Crédit
6811	Dotations aux amortissements	1 029,17	
28183	Cumul d'amortissement		1 029,17
	Livre d'inventaire		

Donc AA4 = 1 900 × (15 + 6 × 30) / 360 = 1 029,17 €

À la date du 15/07/N+3, le cumul d'amortissement est : 522,5 + 1 900 + 1 900 + 1 029,17 = 5 351,67 €

- **Enregistrement de la sortie de l'actif de la comptabilité :**

VO = 9 500 €

Cumul d'amortissement : 5 351,67 €

VNC = VO – cumul d'amortissement = 9 500 – 5 351,67 = 4 148,33 €

N^{os} de compte	15/07/N+3	Débit	Crédit
675	VCEAC	4 148,33	
28183	Cumul d'amortissement	5 351,67	
2183	Matériel informatique		9 500
	Livre d'inventaire		

Calcul de la plus ou moins-value : on revend 6 600 € HT une immobilisation qui vaut comptablement 4 148,33 €.

Il y a donc une plus-value de 6 600 – 4 148,33 = 2 451,67 €

3 UN ÉTAT DE L'ACTIF : LES STOCKS, LES CRÉANCES

LES STOCKS

Si vous avez bien suivi jusque-là, nous n'avons jamais utilisé une classe de comptes : la classe **3 Stocks et encours**. Ce n'est pas un hasard.

La gestion des stocks au quotidien est fastidieuse, on va donc la réserver à l'inventaire.

Il y a deux choses à ajuster à la fin de l'exercice concernant les stocks :

- l'effet de stockage ou de déstockage dans l'exercice ;
- les pertes de valeur des stocks liés à un événement intrinsèque ou extérieur (dépréciation).

Ajuster les stocks en tenant compte du stockage ou déstockage de la période

Pour simplifier, la comptabilité financière effectue le suivi des stocks en **inventaire intermittent**[1].

> **La méthode de l'inventaire intermittent** consiste à ne mesurer l'état des stocks qu'à l'inventaire, une fois par an à la fin de l'exercice. On mesure le stock final en fin de période et on l'ajuste par rapport au stock initial de début de période.

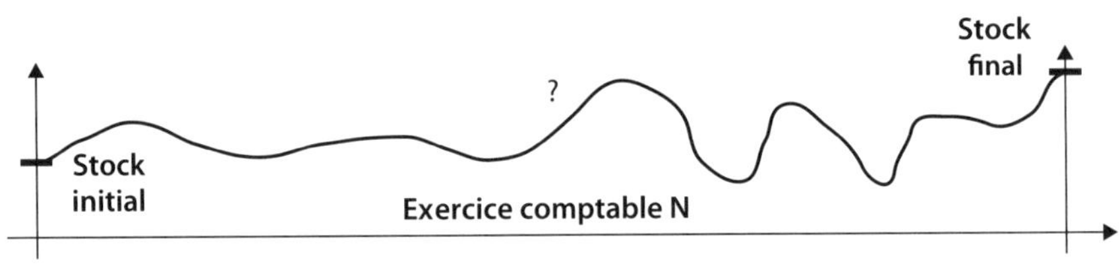

Figure 7.4 – Mesure et ajustement du stock à l'inventaire

Le stock initial est le stock au 01/01/N (c'est-à-dire le stock final de l'inventaire précédent effectué au 31/12/N–1).

Le stock final est le stock comptabilisé lors de l'inventaire physique le 31/12/N.

Dans cette méthode, on n'enregistre pas l'état du stock pendant l'exercice, mais on évalue le stock à l'inventaire selon le processus suivant :

1. La comptabilité de gestion assure le suivi des stocks au jour le jour. On appelle cette méthode de suivi des stocks l'**inventaire permanent**. Cette méthode est exhaustive (on connaît l'état des stocks chaque jour), mais elle est très contraignante. C'est pourquoi nous utilisons la méthode de l'inventaire intermittent en comptabilité financière.

- On annule le stock initial pour effacer l'information de la comptabilité.
- On reconstitue le stock final sur la base de ce qui a été évalué à l'inventaire physique.

Traitement comptable

Pour ajuster les stocks, il faut comprendre quels comptes utiliser.

On a deux catégories de stocks :

- **Les stocks liés à un achat**. C'est parce que l'on a acheté que ces stocks existent. C'est le cas pour les types de stocks suivants :
  - le compte **31 Matières premières** ;
  - le compte **32 Autres approvisionnements** ;
  - le compte **37 Marchandises**.
- **Les stocks liés à une vente**. C'est parce que l'on projette de vendre ces stocks ultérieurement qu'ils existent. C'est le cas pour les types de stocks suivants :
  - le compte **33 Encours de production de biens** ;
  - le compte **34 Encours de production de services** ;
  - le compte **35 Produits finis**.

Ces comptes sont des actifs et augmentent donc par le débit.

Lorsque l'entreprise stocke ou déstocke, il y a une incidence sur le résultat. En effet, en cas de stockage, l'actif augmente, l'entreprise possède plus de valeur → il y a donc un enrichissement (produit). En cas de déstockage, l'actif diminue → il y a un appauvrissement (charge).

On comptabilise ainsi en charge ou en produit, par la variation de stocks, ce qui est réellement utilisé/vendu dans l'exercice.

Pour prendre en compte cette incidence sur le résultat, on utilise des comptes de variation de stock. Selon le type de stock, ces comptes sont des charges ou des produits :

- **Pour les stocks liés à un achat**, c'est une **charge** et on ajoute devant le numéro de compte du stock **60**.
- **Pour les stocks liés à une vente**, c'est un **produit** et on ajoute devant le numéro de compte du stock **71**.

Ainsi :

- 31 Matières premières → 6031 Variation de stocks de matières premières.
- 32 Autres approvisionnements → 6032 Variation de stocks des autres approvisionnements.
- 37 Marchandises → 6037 Variation de stocks de marchandises.
- 33 Encours de production de biens → 7133 Variation de stocks des encours de biens.
- 34 Encours de production de services → 7134 Variation de stocks des encours de services.
- 35 Produits finis → 7135 Variation de stocks de produits finis.

Ajuster les comptes de stocks consiste donc à :

- **Annuler le stock initial** : on crédite le compte 3 et on débite le compte 603 ou 713.
- **Reconstituer le stock final** : on débite le compte 3 et on crédite le compte 603 ou 713.

Cas Jubéo

Jubéo veut faire un état de ses stocks à l'inventaire N. Voici les stocks concernés :

Type de stock	Stock initial	Stock final
Papier et fournitures (matières premières)	7 500	8 000
Pièces de carton et plastique pour jeux (encours de biens)	4 600	4 100
Jeux (produits finis)	9 000	8 400
Jeux (marchandises)	16 600	23 000
Papier et fournitures (marchandises)	17 000	14 000

Pour ajuster les stocks, nous allons, pour chaque type de stock, annuler le stock initial et reconstituer le stock final.

■■■

Matières premières :

N^{os} de compte	31/12/N	Débit	Crédit
6031 31	Variation de stocks Stocks de matières premières *Livre d'inventaire*	7 500	 7 500

N^{os} de compte	31/12/N	Débit	Crédit
31 6031	Stocks de matières premières Variation de stocks *Livre d'inventaire*	8 000	 8 000

Encours de biens :

N^{os} de compte	31/12/N	Débit	Crédit
7133 33	Variation de stocks Stocks des encours de biens *Livre d'inventaire*	4 600	 4 600

N^{os} de compte	31/12/N	Débit	Crédit
33 7133	Stocks des encours de biens Variation de stocks *Livre d'inventaire*	4 100	 4 100

Produits finis :

N^{os} de compte	31/12/N	Débit	Crédit
7135 35	Variation de stocks Stocks de produits finis *Livre d'inventaire*	9 000	 9 000

■■■

■■■

Nos de compte	31/12/N	Débit	Crédit
35 7135	Stocks de produits finis Variation de stocks *Livre d'inventaire*	8 400	 8 400

Marchandises :
Stock initial : 16 600 + 17 000 = 33 600
Stock final : 23 000 + 14 000 = 37 000

Nos de compte	31/12/N	Débit	Crédit
6037 37	Variation de stocks Stocks de marchandises *Livre d'inventaire*	33 600	 33 600

Nos de compte	31/12/N	Débit	Crédit
37 6037	Stocks de marchandises Variation de stocks *Livre d'inventaire*	37 000	 37 000

La dépréciation des stocks

Une fois les stocks ajustés en termes de stockage et déstockage dans la période, il convient d'examiner leur valeur : ont-ils perdu de la valeur du fait d'un événement particulier ? Nous allons mettre en œuvre le même test de dépréciation que pour les immobilisations pour savoir si l'on doit déprécier le stock.

L'enregistrement comptable obéit au même système de dotations/reprises que précédemment. Il nous faut :

- Un compte **68173 Dotations aux dépréciations des stocks** ou **78173 Reprise sur dépréciations des stocks**, selon que l'on dote ou que l'on reprend une dépréciation sur stocks.
- Un compte de cumul **39 Dépréciation des stocks**. Remarquons que ce compte de cumul a un 9 inséré en deuxième position.

Cas Jubéo

Jubéo constate que des stocks de papier et fournitures ont souffert de l'humidité dans son entrepôt. M. Joué estime que les stocks de papier (matières premières et marchandises) ont perdu 10 % de leur valeur. De plus, la valeur actuelle des stocks d'encours de biens est de 3 900 €.

- VO du stock de papiers et fournitures (matières premières) : 8 000 €.
- VO du stock de papiers et fournitures (marchandises) : 14 000 €.
- VO du stock d'encours de biens : 4 100 €.

Calcul des dépréciations :

- Stock de papiers et fournitures (matières premières) : 8 000 × 0,1 = 800 €.
- Stock de papiers et fournitures (marchandises) : 14 000 × 0,1 = 1 400 €.
- Stock d'encours de biens : la valeur actuelle est de 3 900 €, il faut donc déprécier le stock de 4 100 – 3 900 = 200 €.

Écritures :

Nos de compte	31/12/N	Débit	Crédit
68173	Dotations aux dépréciations des stocks	800	
391	Cumul de dépréciation		800
	Livre d'inventaire		

Nos de compte	31/12/N	Débit	Crédit
68173	Dotations aux dépréciations des stocks	1 400	
397	Cumul de dépréciation		1 400
	Livre d'inventaire		

Nos de compte	31/12/N	Débit	Crédit
68173	Dotations aux dépréciations des stocks	200	
393	Cumul de dépréciation		200
	Livre d'inventaire		

LES CRÉANCES

Cas Jubéo

« Ah, nous allons attaquer l'analyse de nos clients les plus pénibles, les mauvais payeurs ! s'exclame Mme Joué.

– Eh oui, dis-je. Il est très important pour Jubéo de bien suivre les créances clients afin d'être sûr de bien faire rentrer l'argent… »

À l'inventaire, l'entreprise doit vérifier l'existence et la valeur des créances qu'elle a en comptes. Pour cela, elle examine au moyen du lettrage des comptes (vu au chapitre 4) ses comptes 41 en comptabilité.

La valeur des créances à l'inventaire

L'évaluation du montant des créances se fait sur la base du montant TTC enregistré en comptabilité lors d'une vente. C'est la VO de la créance. Selon le principe de coûts historiques, la créance ne peut valoir plus que ce montant. En revanche, elle peut valoir moins si la probabilité de paiement du client n'est pas de 100 %. En effet, s'il est probable que le client ne paiera pas toute la créance, elle devient une **créance douteuse** et vaut moins en valeur nette comptable qu'une créance absolument certaine. Cette probabilité de défaut est estimée par l'entreprise sur la base de l'information qu'elle a sur le client (historiques de paiement, informations des autres partenaires).

Attention

La perte de valeur d'une créance est calculée HT, car l'État rembourse la TVA sur les factures irrécouvrables.

Cas Jubéo

Jubéo a une créance de 21 000 € TTC sur son client Mauvet. Mme Joué estime que ce client n'honorera pas 20 % de cette créance, car ses autres fournisseurs ont eu des impayés de cet ordre.

Montant à passer en dépréciation :

Montant HT de la créance : $\frac{21\ 000}{1,2} = 17\ 500$ € HT

Montant qui ne sera probablement pas honoré : 17 500 × 0,2 = 3 500 €.

La dépréciation à constater pour cette créance est donc de 3 500 €.

Pour passer une dépréciation sur créances clients, on utilise le même système de dotations/reprises avec les comptes suivants :

- Un compte **68174 Dotations aux dépréciations des créances** ou **78174 Reprise sur dépréciations des créances**, selon que l'on dote ou que l'on reprend une dépréciation sur créances.
- Un compte de cumul **491 Dépréciation des créances clients**. Remarquons que ce compte de cumul a un 9 inséré en deuxième position.

Auparavant, comme la créance est devenue douteuse, il faut la changer de compte :

- On crédite le compte **411 Clients.**
- On débite le compte **416 Clients douteux.**

Ainsi, on identifie clairement les clients qui ont une probabilité de ne pas honorer leurs engagements.

Cas Jubéo

Enregistrement comptable lié au client Mauvet dans la comptabilité de Jubéo.

Reclassement de la créance en créance douteuse :

Nos de compte	31/12/N	Débit	Crédit
416 411	Clients douteux Clients *Livre d'inventaire*	21 000	 21 000

Remarque : même si le risque d'impayé de la créance ne porte que sur une partie, toute la créance est reclassée en créance douteuse.

Constatation de la perte de valeur liée au risque d'impayé :

Nos de compte	31/12/N	Débit	Crédit
68174 491	Dotations aux dépréciations des créances Cumul de dépréciation *Livre d'inventaire*	3 500	 3 500

La constatation des impayés

À l'inventaire, ou parfois pendant l'exercice, l'entreprise doit constater que ses clients ne pourront effectivement pas payer ce qu'ils doivent. L'entreprise déprécie ses créances douteuses tant que subsiste un risque d'impayé, c'est-à-dire une incertitude.

L'issue de cette situation d'incertitude est de deux ordres :

– soit le client paie ;

– soit la créance est irrécouvrable.

On peut également avoir les deux situations. Le cas le plus fréquent est en effet un client qui règle une partie de la créance et qui déclare ne plus pouvoir payer le reste.

1er cas. Le client paie :

- S'il y a une dépréciation, elle est reprise, puisqu'il n'y a plus d'incertitude. On débite le compte **491** et on crédite le compte **78174**.
- On reclasse la créance douteuse en créance normale. On débite le compte **411** et on crédite le compte **416**.
- On enregistre le paiement (débit du **512**/crédit du **411**).

2e cas. La créance est irrécouvrable :

- S'il y a une dépréciation, elle est reprise, puisqu'il n'y a plus d'incertitude. On débite le compte **491** et on crédite le compte **78174**.
- On constate la perte HT de la créance en compte **654 Pertes sur créances irrécouvrables (compte débité).**
- On constate le fait que la TVA sur cette créance ne sera jamais collectée. On débite donc le compte **44571 TVA collectée**.
- On solde la créance en compte **416 (au crédit)**.

Cas Jubéo

Jubéo a un client historique difficile, Trémov, qui lui doit 9 360 €. À l'inventaire N-2, ce client a été considéré comme risqué, à hauteur de 30 %. À l'inventaire N-1, le risque a augmenté à 40 %. À l'inventaire N, le client règle 1 500 € TTC et déclare qu'il ne pourra plus rien payer, car il est en liquidation judiciaire.
Les écritures aux différents inventaires sont les suivantes :

■■■

■■■

• Inventaire N–2 : la créance devient douteuse et une dépréciation doit être passée.

Nos de compte	31/12/N-2	Débit	Crédit
416 411	Clients douteux Clients *Livre d'inventaire*	9 360	 9 360

HT : $\frac{9\,360}{1,2} = 7\,800$ € HT.

Montant de la dépréciation : 7 800 × 0,3 = 2 340 €.

Nos de compte	31/12/N-2	Débit	Crédit
68174 491	Dotations aux dépréciations des créances Cumul de dépréciation *Livre d'inventaire*	2 340	 2 340

• Inventaire N–1 : le risque a évolué, il faut ajuster la dépréciation

Risque : 40 %

HT : 7 800

Montant de la dépréciation à avoir en comptabilité : 7 800 × 0,4 = 3 120 €.

Dépréciation déjà en comptabilité : 2 340 €.

Complément de dotation à faire sur la dépréciation : 3 120 – 2 340 = 780 €.

Nos de compte	31/12/N-1	Débit	Crédit
68174 491	Dotations aux dépréciations des créances Cumul de dépréciation *Livre d'inventaire*	780	 780

• Inventaire N : on doit constater le règlement, reprendre la dépréciation (car il n'y a plus d'incertitude) et constater la perte irrécouvrable.

Règlement :

Nos de compte	31/12/N	Débit	Crédit
512 416	Banque Clients douteux *Livre d'inventaire*	1 500	 1 500

■■■

Montant de la dépréciation à reprendre : 3 120 €

Nos de compte	31/12/N	Débit	Crédit
491 78174	Dépréciation des créances Reprises sur dépréciations *Livre d'inventaire*	3 120	 3 120

Restant dû : 9 360 – 1 500 = 7 860 € TTC ; ce montant est perdu.

Perte HT correspondante : $\frac{7\ 860}{1{,}2} = 6\ 550$ € HT.

TVA qui ne sera pas collectée : 7 860 – 6 550 = 1 310 €.

Nos de compte	31/12/N	Débit	Crédit
654 44571 416	Pertes sur créances irrécouvrables TVA collectée Clients douteux *Livre d'inventaire*	6 550 1 310	 7 860

4 UN ÉTAT DU PASSIF : LES PROVISIONS

À l'inventaire, l'entreprise analyse également les risques futurs auxquels elle doit faire face. Pour cela, elle peut être conduite à passer ou reprendre des provisions.

Une provision est la constatation en comptabilité d'une sortie probable future de ressource (trésorerie le plus souvent). C'est un élément de passif. La provision sert ainsi à couvrir une incertitude future.

Il existe plusieurs sortes de provisions, regroupées en trois catégories :

- Les provisions d'exploitation. Exemple : provisions pour pertes sur contrats.
- Les provisions financières. Exemple : provisions pour pertes de change.
- Les provisions exceptionnelles. Exemple : provision pour litige juridique.

ENREGISTREMENT COMPTABLE

Pour enregistrer une provision, on utilise le même système de dotations/reprises que précédemment, avec les comptes suivants :

- Un compte de dotations aux provisions, selon le type de provision à doter :
  - compte **6815 Dotations aux provisions d'exploitation** ;
  - compte **6865 Dotations aux provisions financières** ;
  - compte **6875 Dotations aux provisions exceptionnelles**.
- Si on reprend une provision, on a les comptes de reprises suivants, de façon symétrique :
  - compte **7815 Reprises sur provisions d'exploitation** ;
  - compte **7865 Reprises sur provisions financières** ;
  - compte **7875 Reprises sur provisions exceptionnelles**.
- Un compte de cumul de provisions **dans les comptes 15 ou 14**, selon le type de provision.

Principe général
On dote une provision s'il existe une incertitude future, et on la reprend, partiellement ou totalement, si l'incertitude diminue ou disparaît.

Cas Jubéo

Jubéo est assigné en justice par un concurrent Malonnette pour une prétendue concurrence déloyale. La procédure risque d'être longue. À l'inventaire N, Mme Joué estime le préjudice financier en cas de perte du procès à 30 000 €. Le jugement tombe courant N + 1, avec une interjection d'appel, car le concurrent a perdu. À l'inventaire N + 1, le préjudice estimé s'élève à 70 000 €.
L'entreprise passera les écritures suivantes :

N^{os} de compte	31/12/N	Débit	Crédit
6875	Dotations aux provisions exceptionnelles	30 000	
1511	Provisions pour litiges		30 000
	Livre d'inventaire		

■■■

■■■

En N+1, comme on a déjà 30 000 € de provisions, le risque passant à 70 000 €, il faut compléter la dotation à hauteur de la différence, 40 000 € :

Nos de compte	31/12/N+1	Débit	Crédit
6875	Dotations aux provisions exceptionnelles	40 000	
1511	Provisions pour litiges		40 000
	Livre d'inventaire		

Ces provisions seront reprises quand la procédure judiciaire sera terminée et qu'il n'y aura plus d'incertitude. Les provisions permettent de gérer les risques car elles transfèrent des charges et des produits pour couvrir ces risques.

5 | L'AJUSTEMENT DES CHARGES ET PRODUITS

Nous avons ajusté l'ensemble du bilan. Il convient maintenant d'ajuster certaines charges et certains produits. En effet, certaines opérations sont à cheval sur deux exercices et nécessitent un ajustement.

Rappel

Selon le principe d'indépendance des exercices, les charges et les produits sont rattachés à l'exercice correspondant à l'opération qui les a fait naître. De plus, les comptes de charges et les produits sont soldés au passage d'un exercice à l'autre, ce qui oblige à passer par un compte de bilan si on veut garder de l'information d'un exercice à l'autre.

Contre-passer une écriture (on dit aussi **extourner**) consiste à passer une écriture avec les mêmes comptes, mais on inverse les mouvements débit/crédit. Autrement dit, on débite les comptes qui avaient été crédités, et on crédite les comptes qui avaient été débités.

EXEMPLE

Une écriture :

N^{os} de compte	date	Débit	Crédit
60	Achat	1 000	
4456	TVA déductible	200	
401	Fournisseurs		1 200
	Facture		

Sa contre-passation :

N^{os} de compte	date	Débit	Crédit
401	Fournisseurs	1 200	
4456	TVA déductible		200
60	Achat		1 000
	Facture		

On constate que la seconde écriture « annule » la première.

Pour les ajustements sur charges et produits, on a deux cas pour les charges, deux cas pour les produits, soit en tout quatre cas possibles :

- **Une charge à payer** : la charge ne sera comptabilisée qu'en N+1, mais en réalité, l'opération a commencé en N et une partie ou tout de la charge doit être comptabilisée en N.

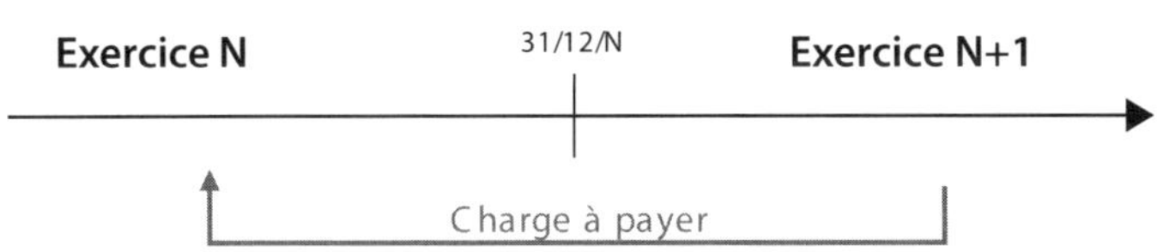

- **Un produit à recevoir** : le produit ne sera comptabilisé qu'en N+1, mais en réalité, l'opération a commencé en N et une partie ou tout du produit doit être comptabilisé en N.

- **Une charge constatée d'avance** : la charge est totalement comptabilisée en N, mais une partie ou la totalité ne concerne pas l'exercice N, et doit être rattachée à N+1.

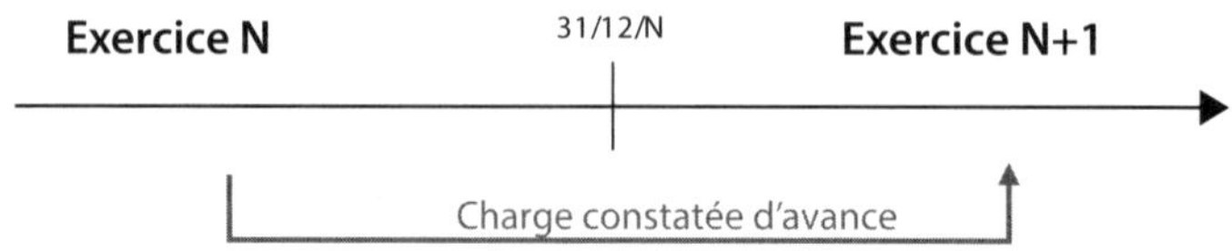

- **Un produit constaté d'avance** : le produit est totalement comptabilisé en N, mais une partie ou la totalité ne concerne pas l'exercice N, et doit être rattachée à N+1.

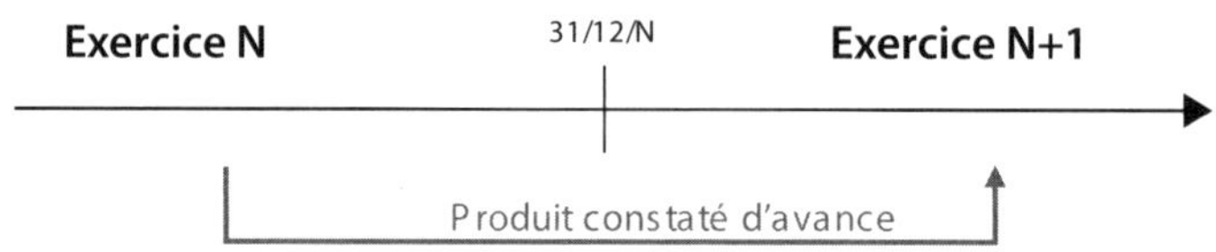

Voyons maintenant le traitement comptable de ces opérations.

LES CHARGES À PAYER

Trois étapes :

- **31/12/N** : on enregistre l'opération qui devait normalement être enregistrée seulement en N+1.
- **01/01/N+1** : on contre-passe l'écriture passée au 31/12/N : cela permet de « passer » la charge en N+1 au crédit, c'est-à-dire « en moins ».
- **En N+1 à la date prévue** : cet enregistrement constate la charge en N+1 au débit, ce qui l'annulera en N+1 puisque la contre-passation a constaté la même charge au crédit.

Bilan, on a annulé la charge en N+1 et on l'a enregistrée en N à l'inventaire.

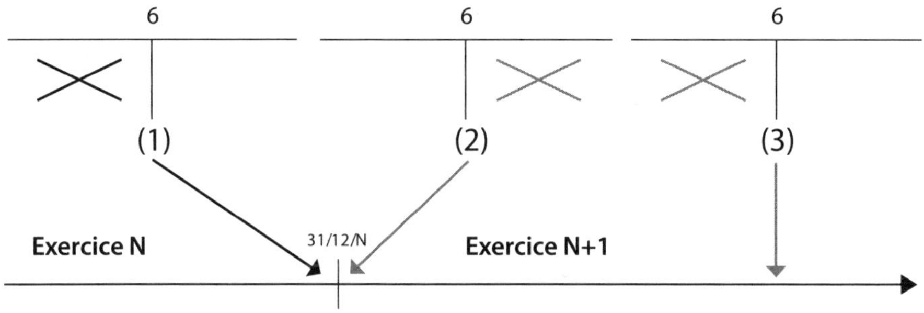

Figure 7.5 – Illustration d'une charge à payer

Cas Jubéo

Pour se sortir de sa situation difficile, Jubéo avait emprunté 150 000 €. On suppose que cette souscription a lieu le 1er mars N. L'annuité sera payée à la date anniversaire de l'emprunt, donc 01/03/N+1 pour la 1re échéance. Mais dans cette annuité, des intérêts appartiennent (« courent ») sur l'exercice N et non N+1. On appelle cela des intérêts courus non échus. C'est une charge à payer.
Le tableau de remboursement de l'emprunt avait été établi. Pour rappel :

Périodes	Capital restant dû	Montant d'intérêt	Remboursement	Annuité
1	150 000,00	6 000,00	27 694,07	33 694,07
2	122 305,93	4 892,24	28 801,83	33 694,07
3	93 504,10	3 740,16	29 953,90	33 694,07
4	63 550,20	2 542,01	31 152,06	33 694,07
5	32 398,14	1 295,93	32 398,14	33 694,07

Pour la 1re période, l'annuité sera payée le 01/03/N+1. Dans cette annuité, il y a 6 000 € d'intérêt. Mais sur ces 6 000 € d'intérêt, certains courent du 01/03/N au 31/12/N et le complément court sur 01/01/N+1 → 01/03/N+1.
Les intérêts à comptabiliser en N sont de : 6 000 × 10/12 = 5 000 €
En N+1, il faut : 6 000 × 2/12 = 1 000 €
On a donc les écritures suivantes :

Nos de compte	31/12/N	Débit	Crédit
661	Charges d'intérêt	5 000	
1688	Intérêts courus		5 000
	Livre d'inventaire		

■■■

■■■

Nos de compte	01/01/N	Débit	Crédit
1688 661	Intérêts courus Charges d'intérêt *Livre d'inventaire*	5 000	 5 000

Nos de compte	01/03/N+1	Débit	Crédit
661 164 512	Charges d'intérêt Emprunts Banque *Tableau de remboursement de l'emprunt*	6 000 27 694,07	 33 694,07

Au final, on a enregistré 5 000 € d'intérêt à l'inventaire N, et on a annulé 5 000 € de charges en N+1 grâce à la contre-passation le 01/01/N+1.

LES PRODUITS À RECEVOIR

Trois étapes (même logique que pour les charges à payer) :

- **31/12/N** : on enregistre l'opération qui devait normalement être enregistrée seulement en N+1.
- **01/01/N+1** : on contre-passe l'écriture passée au 31/12/N : cela permet de « passer » le produit en N+1 au débit, c'est-à-dire « en moins ».
- **En N+1 à la date prévue** : cet enregistrement constate le produit en N +1 au crédit, ce qui l'annulera en N+1 puisque la contre-passation a constaté le même produit au débit.

Cas Jubéo

Jubéo a vendu pour 2 100 € HT de boîtes de jeux le 18/12/N. La facture n'a toujours pas été éditée au 31/12/N, alors que les boîtes ont été livrées au client. Au final, la facture sera éditée le 07/01/N+1.
Conséquence : la facture mentionne que c'est une vente de N+1, alors qu'en réalité, c'est une vente qui doit être rattachée à N.

■■■

Donc :

Nos de compte	31/12/N	Débit	Crédit
4181	Clients – factures à établir	2 520	
44587	TVA sur factures à établir		420
701	Ventes de produits		2 100
	Livre d'inventaire		

Remarquons qu'on utilise des comptes de tiers et de TVA de régularisation, avec un 8 en 3e position. Ces comptes ne servent qu'à faire communiquer les exercices N et N+1.

Contre-passation en N+1 :

Nos de compte	01/01/N+1	Débit	Crédit
701	Ventes de produits	2 100	
44587	TVA sur factures à établir	420	
4181	Clients – factures à établir		2 520
	Livre d'inventaire		

Nos de compte	07/01/N+1	Débit	Crédit
411	Clients	2 520	
44571	TVA collectée		420
701	Ventes de produits		2 100
	Facture		

LES CHARGES CONSTATÉES D'AVANCE

Deux étapes :

- On annule la charge en N.
- On la reconstitue par contre-passation en N+1.

On va conserver l'information dans un compte **486 Charges constatées d'avance**, que l'on va débiter en N et créditer à la contre-passation en N+1.

Cas Jubéo

Jubéo a souscrit un contrat de maintenance de ses imprimantes. Le contrat annuel a été signé le 01/09/N. La redevance annuelle a été payée à la souscription, soit 900 € HT. En réalité, sur cette charge de 900 € HT, complètement payée en N, une partie concerne la maintenance de N+1. Il faut donc annuler une partie de la charge en N par prorata temporis, et la passer en N+1.

Charge à annuler en N et à passer en N+1 : 900 × 8/12 = 600 €.

Ainsi, on conserve seulement 300 € de charges en N (01/09/N → 31/12/N) et on passe 600 € en N+1 (01/01/N+1 → 01/09/N+1)

Écritures :

N^{os} de compte	31/12/N	Débit	Crédit
486	Charges constatées d'avance	600	
6156	Maintenance		600
	Livre d'inventaire		

N^{os} de compte	01/01/N+1	Débit	Crédit
6156	Maintenance	600	
486	Charges constatées d'avance		600
	Livre d'inventaire		

L'écriture qui avait été enregistrée le 01/09/N était la suivante :

N^{os} de compte	01/09/N	Débit	Crédit
6156	Maintenance	900	
44566	TVA déductible	180	
401	Fournisseurs		1 080
	Contrat de maintenance		

Pour N, on a donc un débit de 900 € sur le compte 6156 Maintenance et un crédit de 600 € sur ce même compte. On a donc seulement 300 € pour N et 600 € grâce à la contre-passation pour N+1.

LES PRODUITS CONSTATÉS D'AVANCE

Deux étapes :

- On annule le produit en N.
- On le reconstitue par contre-passation en N+1.

On va conserver l'information dans un compte **487 Produits constatées d'avance**, que l'on va créditer en N et débiter à la contre-passation en N+1.

Cas Jubéo

Jubéo décide de louer en tant que bailleur une partie de son entrepôt à une autre entreprise. Montant du loyer annuel : 4 500 € HT, payable à l'avance. Le contrat de location commence le 01/08/N. Le loyer annuel sera encaissé à cette date, mais une partie concerne N+1 et non N.
Montant du loyer à faire passer en N+1 : 4 500 × 7/12 = 2 625 €.

Donc :

Nos de compte	31/12/N	Débit	Crédit
706	Prestations de services	2 625	
487	Produits constatés d'avance		2 625
	Livre d'inventaire		

Nos de compte	01/01/N+1	Débit	Crédit
487	Produits constatés d'avance	2 625	
706	Prestations de services		2 625
	Livre d'inventaire		

Voilà ! On peut ajuster tout type de charges et de produit avec ces quatre mécanismes.

6 LA CLÔTURE DES COMPTES : L'IMPÔT SUR LES SOCIÉTÉS ET L'AFFECTATION DU RÉSULTAT

Il reste à présent à clôturer les comptes. Auparavant, il faudra enregistrer :

- la participation des salariés (non vue dans cet ouvrage) ;
- l'impôt sur les sociétés.

Enfin, après la clôture, il convient d'affecter le résultat de l'exercice.

L'IMPÔT SUR LES SOCIÉTÉS

L'entreprise doit acquitter un impôt sur ses bénéfices (abrégé en « IS », impôt sur les sociétés) chaque année. Jusqu'à la fin 2018, le taux de cet impôt était de 33 % 1/3. En 2019, ce taux passe à 28 % pour converger vers la moyenne européenne à 25 % en 2022[1].

L'impôt se paie en quatre acomptes trimestriels les 15/03, 15/06, 15/09 et 15/12. Le calcul des acomptes sort du cadre de cet ouvrage. L'auteur renvoie le lecteur vers un ouvrage de fiscalité pour davantage d'information.

Traitement comptable

- Le paiement de l'impôt :
  - on débite un compte **695 Impôt sur les bénéfices** ;
  - on crédite un compte **444 État – Impôt sur les bénéfices** (ou un compte **512 Banque**).
- Le paiement des acomptes :
  - on débite un compte **444 État – Impôt sur les bénéfices** (c'est une créance d'impôt qui réduira l'impôt futur à payer) ;
  - on crédite un compte **512 Banque**.

1. Il y a également des taux réduits d'IS et des contributions additionnelles. Voir un ouvrage de fiscalité pour le détail.

Cas Jubéo

Jubéo anticipe que cette année les bénéfices seront de retour. On suppose qu'elle a payé les acomptes d'IS suivants pendant l'inventaire N :

- 15/03/N : 2 000
- 15/06/N : 3 000
- 15/09/N : 1 000
- 15/12/N : 1 000

Le bénéfice au 31/12/N est de 45 000 € et le taux d'IS à appliquer est de 25 %. « Que doit-on aux impôts ? » demande M. Joué.

La somme des acomptes est de 2 000 + 3 000 + 1 000 + 1 000 = 7 000 €

L'IS dû pour l'exercice N est de 45 000 × 0,25 = 11 250

Il reste donc à payer à l'administration fiscale 11 250 – 7 000 = 4 250 €

Écritures :

N^os de compte	15/03/N	Débit	Crédit
444	État – IS	2 000	
512	Banque		2 000
	(virement)		

N^os de compte	15/06/N	Débit	Crédit
444	État – IS	3 000	
512	Banque		3 000
	(virement)		

N^os de compte	15/09/N	Débit	Crédit
444	État – IS	1 000	
512	Banque		1 000
	(virement)		

N^os de compte	15/12/N	Débit	Crédit
444	État – IS	1 000	
512	Banque		1 000
	(virement)		

À ce stade, l'entreprise a versé 7 000 € d'acompte. Le compte 444 est donc débiteur de 7 000, ce qui signifie que Jubéo a une créance de 7 000 € sur le Trésor Public concernant l'IS.

Le 31/12/N, on connaît le bénéfice de l'exercice N. On va donc pouvoir calculer l'IS de cet exercice. L'entreprise paiera cet IS le 15/04/N+1[1], en tenant compte des acomptes déjà versés (créance de 7 000 €).

N^os de compte	15/04/N+1	Débit	Crédit
695	Impôt sur les bénéfices	11 250	
512	Banque		4 250
444	État – IS		7 000
	(déclaration fiscale d'IS)		

On solde ainsi le compte 444, ce qui fait apparaître par égalité débit/crédit le restant à payer de 4 250.

Remarque

Si Jubéo avait versé 12 000 € d'acompte, l'administration fiscale lui aurait remboursé le trop-perçu. La dernière écriture aurait été :

N^os de compte	15/04/N+1	Débit	Crédit
695	Impôt sur les bénéfices	11 250	
512	Banque	750	
444	État – IS		12 000
	(déclaration fiscale d'IS)		

Ici, Jubéo a versé 12 000 d'acompte, mais ne doit que 11 250. Le Trésor Public lui rembourse donc 750 € (12 000 – 11 250) de trop-perçu.

LA CLÔTURE DES COMPTES

À ce stade, nous avons la balance après inventaire, c'est-à-dire après tous les ajustements d'inventaire. Le résultat se calcule comme la différence entre les Produits et les Charges : R = P – C.

1. Le décalage de date est dû au fait que l'administration fiscale retraite le bénéfice comptable par un système de réintégrations/déductions. Cet aspect est négligé ici par souci de simplification.

Comptablement, on solde tous les comptes de charges et tous les comptes de produits, le solde étant viré au compte **120 Résultat, bénéfice** si P > C, ou au compte **129 Résultat, perte** (compte de rattachement) si C > P.

- Une fois le 120 ou le 129 établi, on peut établir la balance de clôture (qui ne comporte donc que des comptes de bilan).
- Ensuite, on solde tous les comptes de bilan, avec pour contrepartie le compte 891 Bilan de clôture.

On peut ainsi établir le bilan de clôture, avant affectation du résultat.

- À la réouverture des comptes, on contre-passe l'écriture de clôture pour restaurer tous les comptes de bilan (contrepartie : 890 Bilan d'ouverture). **Les comptes de gestion (comptes 6 et 7) sont vierges à ce stade**.
- On passe les écritures de régularisation (contre-passations) des charges et des produits au 01/01/N+1.

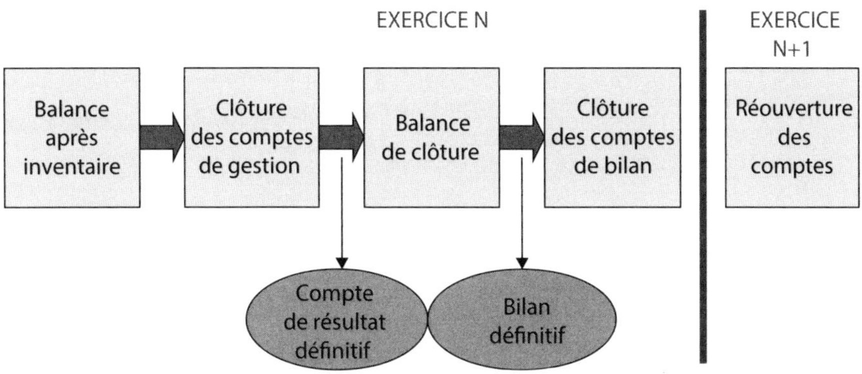

Figure 7.6 – La clôture et la réouverture des comptes

L'AFFECTATION DU RÉSULTAT

Affecter le résultat signifie lui définir une utilisation particulière. Il y a deux possibilités :

– soit il est distribué aux associés ou à l'exploitant ;
– soit il est conservé en tant que ressource dans l'entreprise sous forme de réserve.

La décision d'affectation du résultat ne peut être prise que lorsque le bilan est définitif et le résultat calculé. Cette décision est prise par l'entrepreneur (en entreprise individuelle ou assimilée) ou les associés en assemblée générale (dans le cas d'une société).

Cette affectation est en général effectuée après la clôture de l'exercice dans le premier trimestre ou semestre de l'année suivant la clôture, lors de l'assemblée générale des actionnaires (qui approuvent les comptes et qui décident de l'affectation du résultat).

Pour affecter le résultat, on part du bilan avant affectation du résultat, qui comporte un compte **120 Résultat** créditeur. Ensuite :

- On solde le compte 120 qui disparaît du passif.
- On vire son contenu dans les différents comptes d'affectation :
  - le compte 1061 Réserve légale ;
  - le compte 1063 Réserves statutaires ;
  - le compte 1068 Autres réserves ;
  - le compte 457 Associés, dividendes à payer ;
  - le compte 110 Report à nouveau (ou 119 si c'est une perte) pour le reliquat non distribué ni mis en réserve.

Cas Jubéo

M. et Mme Joué jubilent…

« Enfin ! On va pouvoir se verser des dividendes ! Quelle belle année !

– Bravo à vous, vraiment, insisté-je. Vous l'avez bien mérité ! Mais il faut quand même mettre une partie du bénéfice en réserve pour l'avenir, c'est plus prudent. »

Jubéo a réalisé un bénéfice distribuable de 45 000 €. On néglige l'analyse de l'IS vue précédemment. Il est décidé que la réserve légale sera dotée à hauteur de 3 000 €. Le montant des dividendes sera de 25 000 €. Le reste sera affecté aux autres réserves. L'écriture d'affectation du résultat sera la suivante :

N^{os} de compte	Date de l'assemblée générale de Jubéo	Débit	Crédit
120	Résultat	45 000	
1061	Réserve légale		3 000
1068	Réserve facultative		17 000
457	Associés – dividendes		25 000
	Procès-verbal d'assemblée générale		

■■■

Réserve facultative : 45 000 – 3 000 – 25 000 = 17 000 €

Les dividendes seront payés ultérieurement aux actionnaires :

Nos de compte	Après l'assemblée générale	Débit	Crédit
457 512	Associés – dividendes Banque *Virements*	25 000	 25 000

7 | EXERCICES ET APPLICATIONS

Exercice 1
Cas Sucry

L'entreprise Sucry produit et commercialise des produits sucrés, biscuits et gâteaux, à destination des grandes surfaces, des boulangeries et des traiteurs. Elle vous communique l'état de ses immobilisations au 31/12/N après inventaire :

- Brevets → VO : 25 000 €, cumul des amortissements : 5 000 €.
- Terrains → VO : 140 000 €.
- Constructions → VO : 480 000 €, cumul des amortissements : 220 000 €.
- Machines → VO : 78 000 €, cumul des amortissements : 32 000 €.
- Véhicules → VO : 17 500 €, cumul des amortissements : 12 000 €.
- Matériel informatique → VO : 8 900 €, cumul des amortissements : 1 200 €.

Travail à faire

1) Calculer les valeurs nettes comptables de chaque immobilisation.

2) Présenter en comptes en T les comptes relatifs à chaque immobilisation.

3) Présenter l'état des immobilisations et leurs valeurs à l'actif du bilan, en trois colonnes.

Exercice 2
Cas Wokwok

L'entreprise Wokwok produit et commercialise des articles de cuisine en fonte et céramique. En raison d'un fort pic de demande, elle décide à l'exercice N d'investir massivement. Elle effectue un certain nombre d'acquisitions :

■■■

- 18/04/N : achat d'une machine à usiner les moules. HT : 10 875 €. Ristourne de 20 %. Escompte de 1 %. Frais d'installation : 187 € HT. Paiement comptant.
- 29/06/N : achat d'une machine de nettoyage d'occasion pour les locaux. Brut HT : 6 000 €. Rabais de 5 %. Frais de livraison et de remise en état : 500 € HT. Paiement à 60 jours fin de mois.
- 14/08/N : achat d'un véhicule utilitaire de livraison d'occasion. Montant HT : 7 000 €. Paiement comptant.

Les machines sont amorties sur 5 ans et le véhicule sur 4 ans.

Travail à faire

1) Enregistrer, en justifiant tous les calculs, les acquisitions au journal.

2) Dresser le tableau d'amortissement de chaque immobilisation.

3) Wokwok vend le véhicule pour 2 600 € HT le 07/09/N+2. Enregistrer les écritures de cession et préciser la nature du résultat de cession.

Exercice 3
Cas Promeux

L'entreprise Promeux est spécialisée dans la commercialisation d'espaces publicitaires sur les panneaux urbains. Ella a acquis il y a deux ans certaines immobilisations pour être plus visible dans l'espace public :

- Des panneaux lumineux (VO : 14 000 €), assimilés à des constructions.
- Des lots de terrains pour installer des emplacements publicitaires (VO : 47 000 €).

À l'inventaire N, la valeur nette comptable des panneaux est de 11 000 €. Les terrains sont à leur valeur d'origine.

Promeux décèle des risques de perte de valeur sur ces éléments au 31/12/N :

- De nouveaux panneaux anti-reflets sont sortis sur le marché. La valeur actuelle des panneaux de Promeux est de 8 500 €.
- Les terrains sont proches d'une zone commerciale qui va être déplacée plus loin. L'entreprise estime que les terrains vont perdre 20 % de leur valeur.

À l'inventaire N+1, les valeurs actuelles des immobilisations sont les suivantes :

- Panneaux Promeux : 17 000 € (les nouveaux panneaux concurrents ne respectent pas les normes environnementales et ont donc été retirés du marché).
- Terrains : 41 000 € (la zone commerciale éloignée a quand même drainé un potentiel de clientèle qui peut voir les panneaux publicitaires).

Travail à faire

Calculer et enregistrer les dépréciations au 31/12/N et 31/12/N+1.

Exercice 4
Cas Apis

L'entreprise Apis produit et commercialise des variétés très diverses de miels à travers l'Hexagone. On supposera que le taux de TVA est à 20 %. Son inventaire a lieu le 31/12/N et son gérant, M. Onctueux, ne sait absolument pas comment tenir compte des ajustements sur stocks, créances et autres éléments. Il embauche un stagiaire étudiant en comptabilité pour l'aider. Voici les informations qu'il communique :

- Le stock de miel (produits finis) était de 3 500 € le 01/01/N. Dans son magasin, M. Onctueux a compté lors de l'inventaire physique 4 100 € de produits finis le 31/12/N.
- Le miel « Fleurs de montagne » a fait l'objet d'une campagne de dénigrement par un concurrent, pour nuire à Apis. La valeur comptable du stock de ce miel est de 850 € et sa valeur actuelle, du fait de la perte d'image auprès du consommateur, est de 640 €.
- Le client Bocageo doit à Apis 4 800 €, suite à une vente le 14/12/N de miels de luxe. Le règlement aurait dû avoir lieu le 20/12, mais aucun paiement n'a été honoré. Bocageo a précisé à Apis qu'il avait des difficultés de trésorerie et a envoyé un chèque de 210 € le 31/12/N, en promettant de régler le solde début janvier. Malgré ses dires, Apis s'attend à ce que Bocageo ne lui règle que 50 % de la créance restante.
- L'abonnement Internet de Apis est payé annuellement à la date du 01/05. Son montant est de 120 € HT et couvre la période à venir.
- Une facture de 480 € TTC relative à une vente de marchandises à un client n'a toujours pas été éditée et envoyée au client. Pourtant, les miels vendus ont été livrés. La facture sera envoyée en janvier.

Travail à faire

Enregistrer au journal, en justifiant tous les calculs, les écritures de régularisation au 31/12/N.

Exercice 5
Cas Garageo

Garageo propose à ses clients des réparations en urgence de véhicules (voitures et camions) et des contrats de maintenance de qualité pour tout véhicule motorisé. L'année a été particulièrement intense, avec beaucoup de travail, en raison d'une réindustrialisation de la région.

Le dirigeant, M. Bricole, seul actionnaire de Garageo, est fatigué et satisfait. Les performances sont excellentes ! Mais il a besoin d'aide pour réaliser la clôture de son exercice.

Voici la balance après inventaire :

N°	Intitulés	SD	SC
101	Capital		100 000
164	Emprunts		184 000
205	Brevets	26 000	
213	Construction	145 000	
218	Véhicules	24 000	
261	Actions	70 000	
2 813	Amortissement des constructions		60 000
2 818	Amortissement des véhicules		6 300
2 918	Dépréciation des véhicules		500
2961	Dépréciation sur actions		2 000
31	Stock de matières premières	4 700	
355	Stock de produits finis	9 500	
37	Stock de marchandises	1 200	
391	Dépréciation sur stock de matières		100
401	Dettes fournisseurs		17 000
411	Créances clients	42 000	
444	Etat – IS	8 000	
512	Banque	138 000	
53	Caisse	1 800	

N°	Intitulés	SD	SC
601	Achat de matières premières	45 200	
602	Achats stockés	9 500	
605	Travaux	2 000	
607	Achats de marchandises	6 800	
613	Locations	21 000	
615	Entretien et réparations	8 600	
623	Dépenses de publicité	5 000	
626	Frais postaux	1 500	
635	Impôts	3 000	
641	Rémunération du personnel	85 000	
645	Charges sociales de personnel	42 500	
661	Intérêts d'emprunt	2 500	
670	Autres charges	200	
681	Dotation aux amort. et dépréciation	25 800	
701	Vente de produits finis		34 5000
707	Vente de marchandises		10 700
708	Produits des activités annexes		900
760	Produits financiers		800
770	Produits exceptionnels		1 500
	Total	728 800	728 800

■■■

M. Bricole va organiser son assemblée générale le 28/02/N+1. Le capital social est constitué de 1 000 titres de valeur à 100 € (soit une valeur de 100 000 € que l'on retrouve dans la balance dans le compte 101). Il sera décidé pendant l'assemblée de doter la réserve légale à hauteur de 10 000 € (il n'y en a pas), et de distribuer un dividende de 52 € par action.
Le total des acomptes d'impôt sur les sociétés (IS) déjà versés dans l'exercice N est de 8 000 €. Le taux d'IS est de 25 %.

Travail à faire

1) À partir de la balance après inventaire, calculer le résultat net.
2) Établir la balance de clôture.
3) Procéder à la clôture et à la réouverture de l'exercice.
4) À la date du 28/02/N+1 :
  a) Calculer le montant total des dividendes des actionnaires.
  b) Calculer le montant de la réserve facultative (autres réserves).
  c) Enregistrer l'écriture d'affectation du résultat.
  d) Sachant que les dividendes seront versés le 15/03/N+1, enregistrer l'écriture correspondante.
5) À la date du 15/04/N+1 :
  a) Calculer l'impôt sur les sociétés dû pour l'exercice N, sachant que le bénéfice imposable est celui calculé en question 1).
  b) Compte tenu des acomptes déjà versés, l'entreprise doit-elle payer un complément ou être remboursée par l'administration fiscale ? De combien ?
  c) Enregistrer l'écriture de l'impôt sur les sociétés à la date du 15/04/N+1.

Exercice Progiciel
Cas Desesteo

Charger le dossier « Cas Desesteo » dans Extension → Dossier Démo
L'entreprise Desesteo se situe à l'inventaire de l'exercice 2020. Selon les données entrées en comptabilité dans le logiciel, il est demandé de traiter les opérations d'inventaire.

Travail à faire

1) Recenser les immobilisations de l'entreprise.
2) Au moyen de l'extension Amortissement (Menu Extension → Amortissement) et des informations dans les fiches des biens à amortir, établir les tableaux d'amortissement de chaque immobilisation.
3) Passer en journal OD une provision pour litige juridique avec un salarié de 14 000 €.
4) À la date du 15/04/2021, enregistrer le paiement de l'impôt sur les sociétés.
5) À la date du 31/12/2020, opérer la clôture et la réouverture des comptes en journal OD (soldes des comptes 6 et 7 avec constitution du compte 12 Résultat ; puis solde des comptes de bilan avec le compte 891 ; enfin contre-passation au 01/01/2021 avec le compte 890).

Application 1
Cas Fleuram

« Quelle fraîcheur ! Nos plantes sont très bien ici ! » se réjouit Mme Jolie.
Le système de climatisation du nouveau magasin donne entièrement satisfaction. Mme Jolie se demande néanmoins quelle sera sa valeur dans les prochaines années. Fleuram se situe au 31/12/N et doit réaliser ses opérations d'inventaire sur cette immobilisation. Voici les données relatives au système de climatisation :

- Date d'achat : 09/12/N
- VO : 14 000 € HT
- Utilisation des avantages économiques futurs (AEF) : comme le système de climatisation fonctionne en permanence, les AEF sont utilisés régulièrement dans le temps.
- Durée d'utilisation probable : 10 ans, correspondant à la garantie du système.

Travail à faire

1) Quelle modalité d'amortissement sera retenue pour le système de climatisation ?
2) Établir le tableau d'amortissement du système.
3) Enregistrer au journal l'écriture de régularisation de cette immobilisation au 31/12/N.

Application 2
Cas Famiglia Baglio

Une soirée froide de décembre. Le restaurant est fermé, mais une lumière pointe encore dans la cuisine. Les époux Baglio font leurs comptes.
« Ah non, il vont me payer ça ! Rapaces, faux-jetons, Harpagon ! »
Je suis désormais habitué à l'emphase de M. Baglio dès que quelque chose ne va pas. Mais là, au vu de sa mine déconfite, je suppose que c'est sérieux…
« Que se passe-t-il ? demandé-je.
– Il y a que la vie est pleine de *cattivi pagatori* ! Prompt à promettre, pas à respecter leur parole !
– C'est-à-dire ?
– De mauvais payeurs, si vous voulez ! On est gentil avec eux, et ils ne veulent plus honorer leurs dettes !
– Ne vous inquiétez pas, on va leur faire peur et les obliger à payer. Mais pour l'heure, en cette fin d'année, on va ajuster quelques éléments de votre gestion. Et boire à la santé de votre entreprise qui fonctionne très bien malgré tout ! Vous m'aviez promis de goûter un bon Prosecco de Trieste !
– Ne bougez pas, je vais le chercher », répond avec enthousiasme Mme Baglio.
Le restaurant souffre de créances importantes (essentiellement des services de traiteur) qui n'ont toujours pas été réglées. Les voici :

■■■

- Entreprise Danipol. Montant dû : 850 € TTC. Une dépréciation de 480 € figure déjà sur cette créance dans l'inventaire précédent. Danipol a envoyé un chèque de 100 € le 30/12, non comptabilisé. A priori, 20 % de la créance risque de ne pas être honoré à l'avenir.
- Entreprise Vizanol. Montant dû : 8 000 € TTC. Date de la vente : 17/10/N. L'entreprise a envoyé un chèque de 500 € le 30/12, non encore comptabilisé. Famiglia Baglio estime que sur le restant dû, seulement 40 % pourra être payé par son client.
- Entreprise Puirale. Montant dû : 6 000 € TTC. Une dépréciation de 3 500 € figure déjà en comptabilité. Finalement, l'entreprise pourra honorer sa créance le 02/01/N+1 de façon certaine.

Travail à faire

1) En justifiant tous les calculs, enregistrer les écritures d'inventaire relatives à ces créances.

2) La créance Vizanol est finalement irrécouvrable le 18/01/N+1. Enregistrer au journal l'écriture correspondante.

Lexique

Actif : élément du patrimoine possédé par l'entreprise qui comporte une valeur économique.

Affacturage : consiste à céder la gestion de ses créances à un organisme spécialisé, une société d'affacturage.

Agios : ce sont des intérêts payés à court terme par l'entreprise, pour avoir bénéficié d'un financement à court terme. Ces intérêts sont considérés comme des éléments financiers. Ils ne sont donc pas soumis à TVA.

Amortissement : on utilise ce terme soit pour les emprunts, soit pour les immobilisations, dans un sens différent :

- L'amortissement d'un emprunt est son remboursement.
- L'amortissement d'une immobilisation est la constatation de son usure liée à son utilisation normale dans le temps. En comptabilité, on ne peut amortir que les immobilisations incorporelles et corporelles.

Associé/actionnaire : personne (physique ou morale) qui possède une fraction du capital de l'entreprise. L'associé apporte une partie du capital et reçoit en échange des titres financiers appelés « parts sociales » ou « actions ». Les parts sociales donnent droit au dividende à la fin de l'exercice.

Avantages économiques futurs (AEF) : possibilités créatrices de valeur pour un actif quelconque. Cette définition est surtout utilisée pour les immobilisations.

Balance : état de la comptabilité qui résume en un seul tableau les comptes (numéro et intitulé) et leur solde, débiteur ou créditeur.

Bilan : tableau qui résume le patrimoine de l'entreprise, l'actif et le passif.

Capital social : ensemble des apports des associés/actionnaires, qui constitue une ressource pour l'entreprise.

Capitaux propres : ensemble des ressources de l'entreprise qui ne sont pas des dettes. Les capitaux propres comprennent le capital social, les réserves et le résultat.

Charge : appauvrissement correspondant à un coût, une consommation par l'entreprise.

Classe de comptes : ensemble de comptes regroupés sous une thématique commune. Il existe 8 classes de comptes. On utilise le plus souvent les 7 premières.

Clôture : la clôture de l'exercice correspond au fait de valider et figer l'information comptable de l'exercice qui vient de s'écouler. C'est la dernière étape des travaux d'inventaire.

Commissaire aux comptes : métier qui consiste à vérifier la comptabilité des entreprises. La sincérité de l'établissement des comptes et le respect des règles comptables en vigueur sont particulièrement examinés.

Commission bancaire : *voir Frais bancaires.*

Comptabilité générale (ou comptabilité financière) : la comptabilité financière est une représentation fidèle de l'entreprise qui sert à fournir de l'information aux parties prenantes.

Compte de résultat : tableau qui résume les appauvrissements (charges) et les enrichissements (produits) de l'exercice écoulé.

Concours bancaires courants : ce sont les découverts de l'entreprise qui ont été autorisés par sa banque. Cela prend la forme d'un crédit à très court terme qu'il faut régulariser en quelques jours ou quelques semaines.

Contre-passer une écriture : contre-passer une écriture consiste à reprendre les comptes d'une écriture et à en inverser le mouvement débit/crédit. Les comptes qui avaient été débités sont crédités dans la contre-passation, et les comptes qui avaient été crédités sont débités dans la contre-passation.

Cotisations sociales : prélèvements obligatoires que l'employeur paie aux organismes sociaux. Les cotisations salariales sont à la charge du salarié et les charges employeur sont à la charge de l'entreprise.

Créance : droit possédé par l'entreprise sur un tiers qui prend la forme d'une somme d'argent que ce tiers doit à l'entreprise à une échéance fixée.

Crédit : un crédit est une dette contractée auprès d'une banque. On utilise le mot « crédit » pour désigner également la colonne de droite des comptes comptables.

Crédit-bail : contrat de location d'une immobilisation, avec une option d'achat à l'échéance à un prix fixé à l'avance.

Débit : on utilise le mot « débit » pour désigner la colonne de gauche des comptes comptables.

Dépréciation : la dépréciation est la constatation d'une perte de valeur du fait d'un événement autre que l'utilisation normale. En comptabilité, on peut déprécier les immobilisations, les stocks, les créances et les titres financiers.

Dette : obligation pécuniaire envers un tiers à une échéance fixée.

Dividende : part du bénéfice de l'exercice qui est distribuée aux associés/actionnaires. Son montant est décidé en assemblée générale.

Don : transfert à titre gratuit d'un bien ou d'unités monétaires d'un agent à un autre.

Dotation : constatation d'une charge correspondant à un amortissement, une dépréciation ou une provision en plus dans la comptabilité.

Écriture comptable : enregistrement formalisé d'une opération économique au journal de l'entreprise.

Emploi : élément qui a été acquis à l'aide d'une ressource et qui comporte une certaine valeur. *Voir Actif.*

Exercice : période comptable au cours de laquelle l'entreprise exerce son activité. Sa durée est fixée à un an.

Expert-comptable : métier qui consiste à produire l'information comptable aux parties prenantes et à conseiller l'entreprise dans toutes les dimensions de sa gestion.

Extourner une écriture : *voir Contre-passer.*

Immobilisation : bien durable possédé par l'entreprise, destiné à rester au-delà de l'exercice comptable dans la comptabilité.

Intérim : service qui consiste à mettre à disposition un salarié à un client. Le salarié travaille pour le client, mais n'y est pas hiérarchiquement lié.

Inventaire : période d'ajustement à la fin de l'exercice, pendant laquelle l'entreprise effectue un examen de la valeur et de l'existence des actifs, passifs, charges et produits.

Parties prenantes : ensemble des agents qui participe à la finalité de l'entreprise.

Passif : obligation à honorer vis-à-vis d'un tiers.

Produit : enrichissement du fait des activités de l'entreprise.

Provision : constatation d'une sortie probable future de trésorerie.

Reprise : constatation d'un produit qui correspond à un amortissement, une dépréciation ou une provision en moins dans la comptabilité.

Réserve : ensemble des bénéfices passés qui ont été conservés dans l'entreprise.

Ressource : élément qui permet de financer l'entreprise dans ses activités. *Voir Passif.*

Résultat : enrichissement net sur l'exercice. Le résultat se calcule en soustrayant toutes les charges à tous les produits.

Solde : le solde d'un compte est son contenu après tous les mouvements débit/crédit effectués. Ce solde peut être débiteur (somme des mouvements débit > somme des mouvements crédit) ou créditeur (somme des mouvements crédit > somme des mouvements débit).

Stock : élément conservé par l'entreprise qui entre dans son cycle d'exploitation. Les grandes catégories de stocks sont les suivantes : matières premières, autres approvisionnements, encours de biens, encours de services, produits finis et marchandises.

Subvention : aide financière non remboursable qui peut être octroyée par un organisme public ou privé.

82364 - (I) - SOP 90° - NOC - MPN

JOUVE-PRINT
733, rue Saint-Léonard, 53100 MAYENNE
N° 2964712W
Dépôt légal : juin 2021

Imprimé en France